空間心理カウンセラー
伊藤勇司
Ito Yuji

あなたはなぜ、片づけられないのか？

PHP

はじめに

あなたは今、「片づける方法」を、探し求めているのではないですか？

はじめまして。
空間心理カウンセラーの伊藤勇司です。

わたしは現在、部屋が片づかないとお悩みの方々に、心理的な側面からのアプローチによる「心の片づけ」を行なうことで、部屋の片づけも自然に行なえるようなサポートをさせていただいております。

本書を手に取ってくださったあなたは、これまでにもなんとか部屋の片づけができるようにと、さまざまな「片づける方法」を追い求めてこられたのではないでしょうか。それによって一時的には改善できても、また元に戻ってしまったり、ノウハウを知ることで一時的にモチベーションは上がるけれど、なぜか行動には移すことができなかったり……。そうやって悶々と日々を過ごしながら、なぜうまく改善できないのかという原因を掴むことができずにいる中で、一筋の活路を見出すために本書を手に取ってくださったのではないかと思います。

そんなあなたに、はじめにお伝えしておきたいことがあります。

それは、「部屋の状態に善し悪しはない」ということ。

あなたは「片づける方法」を探し求めているからこそ、「部屋が汚いのは悪いことである」と思ってはいないでしょうか。部屋が綺麗な状態がよくて、汚い状態は悪である。そう思って、片づかない現状をどうにかしたいと思ってはいませんか？

わたしはこれまで、部屋が片づかない人の相談を数多く受ける中で、実は「部屋が綺麗な人」の心の相談も受けてきました。部屋が片づかないという悩みを持った方々は、「部屋が綺麗になること」がゴールだと思われています。そして、そうなることがより幸せに生きることにつながり、よりよい人生を生きるためにも大切なことであると。

　そう思うのは当然のことではあるのですが、実は部屋が綺麗な人も、その人なりの悩みを抱えています。もちろん部屋が綺麗であるということに越したことはないのですが、それを過剰に意識するあまりに、精神的に苦しむ結果に陥る人も少なくないのです。

　わたしはそういった両面のケースから「部屋」という、誰もが日常的に過ごす場所を通して、人の心を深く見つめ続けてきました。だからこそ、表面的な部屋の状態だけを見て、よい・悪いというレッテルを貼ることには、まったく意味がないと実感しているのです。


　あなたがもし、部屋をより心地よい状態にしたいと思うなら、最初にやるべきことは、部屋を片づけることではありません。まず、最初にやるべきこと――それは、「考え方を変える」ことです。

　結果（片づかないという状況）だけを変えても、原因（片づかない状況を引き起こした思考パターン）が変わっていなければ、また同じことを必ず繰り返してしまいます。一時的に片づけても、また元に戻ってしまうという「リバウンド」が起こる原因は、根本的な考え方が変わっていないからなのです。

あなたは今日まで、たくさんの人と関わってきたと思います。両親から始まり、きょうだいや友人、先生や後輩、上司や部下。そして、夫や子どもたち。これまでの人生の中で多種多様な人の考え方に触れる中で、あなたの今の考え方がつくり上げられています。そして、そのさまざまな影響を受けて形づくられてきた考え方を基準にして、今日も意思決定を行なっているにもかかわらず、「考え方の整理をする」という機会を意図的に持とうとしている人は、ほとんどいないのではないでしょうか。

本書は、あなたにその「考え方の整理」を行なっていただくことを一つの大きな目的としています。片づけのノウハウを知る前に、片づかない状態を引き起こしてしまう考え方を見つめ直し、どんな考え方をもとにして行動していくとよりよい結果が生まれるのかを、改めて見つめ直していただきます。そうすることで、より自分のことが理解できるようになり、片づかない状態を引き起こしてしまった根本的な理由を、あなたは客観的に把握できるようになるでしょう。

「思考は現実化する」という言葉がありますが、あなたの考えていることが、今のあなたの現実をつくり出しています。だからこそ、新たな現実をつくり出していくためには、新たな考え方を築き上げていく必要があります。

そのためにも、今、自分がどんな考え方をしているのかを知り、よりよい現実をつくるために不要な考え方は潔く手放し、本当に望む結果を得るための考え方を改めて採用していく。そういった考え方の整理を行なっていくことが、あなたの現状を変えるためのいちばんの力となります。

本書を通して考え方の整理を行ない、「片づく考え方」を身につけていただくことで、あなたの現状がよりよい方向へと導かれていくことを、心より願っております。

空間心理カウンセラー・伊藤勇司

あなたはなぜ、片づけられないのか？　もくじ

はじめに　3

第1章　片づけられない人の、本当の心理

◎片づけられない本当の理由　14
◎チェックリストから見る、あなたの現在の心理状態　16
●カンタン「片づけ心理」チェックリスト　17
◎4つのタイプから見る「片づけ心理」　18
◎片づけられない原因は、「技術」よりも「心」にある　25
◎〝ゴミ屋敷〟になる人の心理的な特徴　28
◎本当にやりたいのは、片づけですか？　33
◎人は「結果」ではなく、「感情」を得たい生き物　36

感情の整理がうまくなると、自然と片づくようになる 39
心の状態が、物理的な状態に反映していく理由 44
すべての根本的な基準を「大切にする」に変えてみよう 49

第2章 「片づける方法」より「片づく考え方」を身につけましょう

考え方を変えることから、一歩が始まる！ 54
● イメージ（想像力）診断 55
● タイムマネジメント（時間管理）診断 56
● アクションパターン（行動指針）診断 57
「片づけ思考」を身につけるための3つのポイント 58
やる気が自然に生まれる「イメージ・チェンジ術」 62
具体的な行動は、具体的なイメージから生まれる 65
やる気が自然に生まれる「イメージ・チェンジワーク」 69
行動を促す〝心のエンジン〟は「ビジョン」によって起動する 71

▼実践者の感想▲ 片づけをやめたら、片づきました（笑） 76
◎ゆとりが生まれる「片づけメンタル時間術」 78
◎「自分が決める時間」を優先すると、それ以外の時間が整理される 87
▼実践者の感想▲ 自分が決める時間を優先すると、いろんなことが整理できました 90
◎行動が加速する「部分片づけ術」 92
▼実践者の感想▲ 時間も気力もないわたしが、なぜか片づけるように 103

第3章 リバウンドを活かす「片づけメンタル」の育て方

◎リバウンドは「敵」ではなくて「味方」です 106
◎絶対にリバウンドしない「片づけメンタル」を育てる3つのポイント 108
●リバウンド・チェックシート① 「判断基準」 112
●リバウンド・チェックシート② 「習慣」 113
●リバウンド・チェックシート③ 「言動」 114
●リバウンド・チェックシート④ 「行動」 115

● 21日間チェックシート　125
◎リバウンドをあらゆるシーンで活かしましょう　126
◎部屋の気持ちになって考えてみましょう　130

第4章 片づけができない自分を変える「片づけメンタル・コミュニケーション」

◎コミュニケーションのパターンを変えると、自然と片づくようになる　136
◎「他人に合わせる」をやめて「自分に合わせる」を始めましょう　149
◎関係性を見直すことが、部屋の整理にもつながる　151
◎自分がどんどんラクになるコミュニケーション　3つの法則　155
▼実践者の感想▲ 背伸びしない関わりを大切にすると、部屋が片づくようになりました　169

第5章　人をやる気にさせる「片づけメンタル・アプローチ法」

◎なぜあの人は、言っても行動しないのか？　172
●人のやる気を奪う言葉チェックリスト　173
●相手に伝わる言い換え例　178
◎相手が自主的に片づけるようになる3つのポイント　180
◎できていない部分を責めずに、できていることを認めよう　189
◎人をやる気にさせる「加点法コミュニケーション」　191
◎物事は、肯定的な側面から伝えていこう　193

おわりに　197

装幀／朝田春未
イラスト／ＳＵＩＴＡ

第1章

片づけられない人の、本当の心理

片づけられない本当の理由

部屋の状態に善し悪しはない

あなたの部屋は、あなたの心を映し出している鏡のような場所。そう聞くと、なんとなくうなずけるものがあるのではないでしょうか。でも、「なんとなく」は理解できるけど、具体的にどんな心の状態を表しているのかがイマイチ理解できない。そう感じている人も少なくないと思います。

そこで本章では「なぜ部屋が片づかなくなるのか？」を、心理的な角度から解説していきます。それによって、あなたの現在の深層心理を自分でまずは客観視してみてください。すべての問題解決は、現状の自分を正確に知ることから始まっていきます。

そしてまず、あなたに最初にお伝えしておきたい言葉があります。それは、「部屋の状態に善《よ》し悪《あ》しはない」ということ。

部屋は、あなたの心を表す大切な場所。それは角度を変えて表現すると、あなたの「生きざま」が表されている場所です。今がたとえどんな状況であったとしても、あなたは自分を悪くしようと思って、そうなっているわけではないはずです。日々一所懸命生きる中で、なんらかのボタンの掛け違いによって、うまくいかなくなることが生まれてしまう。そういった積み重ねが、部屋の状態に表現されているのです。

心のわだかまりに片をつける

部屋が綺麗なことに越したことはありませんが、部屋が汚いからといって自分を責める必要はありません。部屋はあなたの心が表現されている場所だからこそ、その自分の心を大切に扱う気持ちで、部屋も大切に感じてみるようにしていきましょう。そうすることによって、自分では気づかずにいた「心のわだかまり」に、片をつけていけるようになります。そうやって、一つひとつの心のわだかまりが片づくことが、結果として物理的な環境が片づいていくきっかけにもなっていきます。

それではこれから、片づけと心の状態が密接に関係する「片づけ心理」について詳しく見ていきましょう！

チェックリストから見る、あなたの現在の心理状態

部屋の状態と、心の状態はつながっている。そのことをわかりやすく感じていくためにも、まずはあなたの現状を確認することから始めていきましょう。自分の現状を正確に客観視できるようにすることが、効果的な改善策を導き出すための一歩となります。

今のあなたを客観視するために、次のページにあるチェックリストに答えてみてください。一つひとつに答えていくことで、あなたが今、片づけに取り組みやすい心理状態にあるのか、そうでないのかを、自分で客観視することができます。当てはまる項目をチェックして、チェックを入れたものを1点として、合計点数を導き出してください。その点数をもとに4つのタイプに分けて「片づけ心理」について解説していきます。それではさっそく「カンタン『片づけ心理』チェックリスト」に記入をしていきましょう！

カンタン「片づけ心理」チェックリスト

□自分のための時間を取ることは少ない。
□待ち合わせは時間ギリギリに行くタイプだ。
□どちらかというと情に流されやすい。
□決めごとがあるときは、自分の意見よりも他人の意見を尊重する。
□夜遅くに寝ることが多い。
□何かを頼まれたら断れずに引き受けることが多い。
□頭で考えるよりも直感で判断することが多い。
□物事に好き嫌いはあまりないほうだ。
□根拠はないけれど、何かあっても「なんとかなる」と思っている自分がいる。
□自分の本音を相手に伝えることが苦手だ。
□夢や目標を叶えていくことが人生の醍醐味である。
□やると決めたことは、納得いくまでやらないと気が済まない。

4つのタイプから見る「片づけ心理」

いかがでしたか？　合計点数によるタイプの分類は次の通りです。

12点〜10点　タイプ1　↓19ページへ
9点〜7点　タイプ2　↓20ページへ
6点〜4点　タイプ3　↓22ページへ
3点〜0点　タイプ4　↓23ページへ

自分がどのタイプかを照らし合わせてみてください。

チェックリストによる簡単な診断ではありますが、結果と照らし合わせて自分を振り返ってみたときに、あなたの現状を知るきっかけにはなるでしょう。何よりも、「部屋が片づかない」という背景に隠れている自分自身の考え方のパターンや行動、習慣を改めて客観視することによって、あなたがこれまで、なぜ片づけができなかったのかのヒントが見えてきます。

簡易診断の結果は、そのときのあなたの心理状態によって変動するものでもありますので、その都度のあなたの傾向性を知る意味で結果を捉えていただき、ふとまた思い立ったときに定期的に診断を行なってみてください。

タイプ1（12点〜10点）　完璧思考・感情タイプ

このタイプのあなたは、物事はすべて完璧にこなしてこそ意味があると考え、そうできない自分にはダメなレッテルを貼ってしまうような「0か100か」の二択しかない考え方をしてはいないでしょうか。また、物事を感情的な側面で捉えることが多く、よく言えば情に厚い、昔ながらの人情味があって人に慕われやすいタイプですが、悪く言えば、情に流されて本来望まないトラブルに巻き込まれやすい人です。

片づけとは、完璧にする行為ではなく、「完璧だと思う状態に近づける行為」です。このニュアンスの違いが非常に重要なのですが、完璧思考になっているときは理想に近づいていたとしても、完璧でなければ良しとしないので、「できていないところ」ばかりに目が行ってしまいます。それが結果的に感情的な不快感と合わさって、完成する前に途中で諦める結果となるのです。「今すぐできること」に目を向けて、「できた」という経験を積み重ねていきましょう。

例えばこんなこと

- **帰宅したら靴をその場で揃える（靴箱にしまう）。**
- **買い物をした際の領収書やレシートはすぐに財布から出して、家計簿につける。**
- **引き出しの一つだけでよいので、中のものを全部出して「いる」「いらない」を分類する。**

（↓詳しくは92ページ参照）

タイプ2（9点〜7点） 過去思考・理屈タイプ

このタイプのあなたは、過去の経験に囚われやすく、何を行なうにも理屈から入るのではないでしょうか。

よい意味で言えば、慎重で無難な選択をすることで失敗しないような行動をするのですが、悪い意味で言えば、過去の経験則に囚われて慎重になりすぎるあまり、何かを形にするのが遅くなる傾向があります。過去の経験や理論・理屈に囚われすぎると、前に進むことができなくなるものです。

片づけは「未来思考」で行なうもの。「こうなりたい」という未来の具体的なイメージに近づけるために、現状を整理し、取捨選択を行なっていく行為です。過去思考に陥っているときは「なりたくない姿」を考えやすくなるので、まずは「なりたい姿」を、イメージすることから始めましょう。

このタイプのあなたがとるべき最初の行動は、片づけの方法論を知ることではなく、「片づいているイメージ」をできるだけたくさん描くことです。「理動」という言葉がないことからわかるように、人は感じて動く「感動」の生き物です。人は理想のイメージを描くことによって感性が刺激され、自然に行動が促されていきますので、何よりもイメージを大切にすることを意識しましょう。

例えばこんなこと

- **インテリア雑誌の写真を見て、自分の部屋に当てはめてイメージする。**
- **近隣にモデルルームやオープンハウスがあれば、足を運ぶ。**

・スッキリした部屋で暮らす友人がいれば、部屋を見せてもらって参考にする。

（↓詳しくは62ページ参照）

タイプ3（6点～4点）目的思考・集中タイプ

このタイプのあなたは、明確な目的や理由があれば行動に移りやすく、抜群の集中力を発揮しますが、漠然と何を目指してよいかわからなくなったときに、行動が停滞しやすくなります。「やる」と決めたら抜群の行動力を発揮するので、すぐに現状を改善することができるのですが、気持ちに左右されやすい性質があるため、片づけをしてもリバウンドすることがしばしばあるのではないでしょうか。

片づけとは、瞬発力よりも「持続力」が問われる行為です。短距離走ではなく、マラソンのイメージです。抜群の行動力と集中力があるからこそ、瞬発的に物事を行なってしまいがちなので、人からの頼まれごとや何かを決めるときには、直感的に動くよりもひと呼吸置いて冷静に考えるようにすると、本来やる必要があることに意識を向けることができるようになります。また、1日に少しだけでよいので、継続的にできる何かを始めてみると、本来備わっている集中力がより活きるようになります。
「小さくコツコツ」を意識してみましょう。

例えばこんなこと

- 毎朝、洗面所のガラスを綺麗に拭いてから顔を見る。
- トイレで用を済ませたあとは、除菌クリーナーなどで必ず便座を綺麗にしてから出るようにする。
- 食事のあとは、必ずテーブルを綺麗に拭き、何も乗っていない状態にする。

（↓詳しくは85ページ参照）

タイプ4（3点〜0点）　片づけ思考・安定タイプ

このタイプのあなたは、現状でおそらく、片づけにさほど困ってはいないのではないでしょうか。片づかない状態であったとしても、それは一時的なもので、すぐに改善が見込めるはずです。

行動においても、事前準備や下見をしながら確実に目的を果たしていくタイプで、常に自分のペースで物事を進めていく安定感があります。また、目の前のことだけでなく、全体を見渡す視野を持っているため、空間の全体像を把握する力にも長けているのがこのタイプの人です。

片づかなくなる状況が生まれるのは、「自分のペースが崩れる」ことがいちばんの要因です。このタイプのあなたは、もともと自分の中に備わっている「マイペース」を思い出していくだけで、仕事、時間、人間関係などでもバランスが取れるようになります。普段自分が当たり前に行なっていることをあえて意識して、一度、自分の行動を整理していきましょう。

例えばこんなこと

・1日を振り返って、「1日単位の行動パターン」を紙に書き出してみる。
・人との約束を入れすぎていないか、予定の入れ方を振り返ってみる。
・自分がリラックスできる時間を意図的に確保するために、「自分だけの楽しみの予定」を手帳に書き入れる。

（↓詳しくは78ページ参照）

片づけられない原因は、「技術」よりも「心」にある

片づけ本が片づかない！

昨今は〝片づけブーム〟の影響があるためか、「どうすれば片づけができるようになるのか？」という技術的な方法論を説く書籍や情報が、たくさん出回っています。本書を手に取ってくださったあなたも、そのような本を一冊は読んでいらっしゃるのではないでしょうか？

そうした〝片づけ本〟は、どれもすばらしい内容のものばかりです。でも、そういったすばらしい内容のものがたくさんあるにもかかわらず、いわゆる「片づけられない人々」は年々増え続けているように見受けられます。なんとか片づけをしようと思ってさまざまな片づけ本を購入するけれど、気がつけば「片づけ本が片づかなくなる」という、笑うに笑えない状況になる人も少なくないはずです。

もし、あなたがこうしたことに心当たりがあるのなら、片づかない状況は、技術的

な問題ではなく、「あなたの心のパターン」に起因している可能性が高いと思ってください。むしろ、片づけができないほとんどの原因は、技術ではなく、「心のパターン」に起因しているといっても過言ではないのです。

結果には、原因がある

片づかない状況は、言うなれば「結果」です。結果には、必ず原因が存在します。その根本的な原因を見つめないまま、結果だけを変えていこうとすることが、リバウンドを引き起こす要因なのです。

「片づかない状態」という一つの結果の背景には、あなたの時間の使い方、仕事のやり方、人間関係においてのコミュニケーションのパターンなどなど、さまざまな要因が絡み合って、その結果、片づかない状態が生まれています。

例えば、悩みごとがあるのに、夫に気を遣って隠したまま自分で何とかしようとすることで、かえって無理が生じてしまったり、ＰＴＡや自治会の役員など、責任を負う役割に時間を割くことが多くなることで余裕がなくなったりなど、片づかない背景にある根本的な要因を冷静に考え直してみることで、結果ではなく「原因」の部分から見直していく考え方に切り替わっていきます。

一時的に片づけができても、根本の考え方が変わっていなければ、必ずリバウンドを引き起こします。逆に一時的に片づけができなくても、考え方さえ切り替わっていれば、多少の変動があっても、安定した部屋の状態をキープすることができるようになるのです。

そこで次節では、部屋が片づかない状態になりやすい人たちが、どういった考え方で日々行動しているのかを詳しく見ていきましょう。あなたがもし次節の人たちと同じような考え方になっているとしたら、まずはそこを見直すことから始めていきましょう。

〝ゴミ屋敷〟になる人の心理的な特徴

根本の原因が見つめられていない

「部屋が片づかない」というと、昨今では〝ゴミ屋敷〟が社会問題化していることもあり、深刻なイメージが強くなっているかもしれません。だから、片づけができないことで自己嫌悪に陥り、片づけができないことで劣等感を感じながら日々を過ごされている人も少なくありません。

本書を手に取ってくださったあなたも、もしかしたら何か心当たりがあるのではないでしょうか。世の中にはたくさんの「片づけ指南」があるにもかかわらず、なぜ片づけの悩みを持つ人々が一向に減らないのでしょうか？　その答えは、「そもそもなぜ片づけができなくなるのか？」という「根本の原因」が見つめられていないからです。

ゴミの背後に美しい心が……

わたしは部屋が片づかない人々の心理的な側面を見つめるサポートをしていることから、〝ゴミ屋敷〟と呼ばれるような部屋に住む人のお話を伺うことがたくさんあります。

単純に〝ゴミ屋敷〟というイメージだけでその人を見ると、「だらしない」とか「みっともない」といった、悪いイメージで捉えがちです。でも、実際にわたしがそういった人々との深い関わりの中で感じていることは、部屋の状態とは反比例して、「誰よりも美しい心を持った人たちばかりだ」ということです。

ある人は、誰よりも自分の仕事に責任感を持って、人がやり残した仕事まで文句一つ言わずに毎夜遅くまでこなされていました。ある人は、世の中のためと思ってボランティアで社会貢献活動を一所懸命なさっていました。またある人は、家事に懸命で、夫、親、子どもたちからの期待に応えるためにと、自分の悩みは誰にも打ち明けることなく、がんばっておられました。

このように、片づけができなくなっている人は、往々にして「自分のことよりも他人のこと」を優先して行動してしまう傾向にあるのです。また、「自分がやりたいこと」や「本音で思っていること」よりも、他人の意見や価値観を尊重して意思決定しがちになっているときに、部屋は片づかなくなっていきます。

人を思いやる心や、人に対して優しい気持ちが強い人ほど、片づかなくなる傾向が高い――「部屋が片づかない」という状況が生まれる背景には、その人の美しい心も同時に存在しているということを、しっかりと感じていく必要があるのです。

心のパターンを客観視する

部屋が片づかない人は、自分のことよりも他人のことを優先する心理傾向がありま す。人に気を遣ったり、人を思いやる気持ちが強くなったりすると、自分の心が置き去りになってしまうのです。そしてそれが続くと、心の秩序が乱れ、その乱れた心が、部屋の乱れを招いてしまいます。だからこそ、部屋の改善を考える前に、自分の心が安定することを意識していくことが、とても大切になってくるのです。それが結果的に、部屋の安定へとつながっていきます。

あなたがもし、より効果的に部屋を改善していきたいと思うなら、まずは「心のしくみ」について、先に理解していきましょう。今のあなたの心のパターンを知ることで、心の反応によってあなたがどんな選択をしているのかを客観視することができます。心のしくみを知り、自分の心のパターンを客観的に理解できるようになると、「周りに影響されない自分」を形成することができます。「他人や環境に影響されにくい心の在り方」になれば、あなたのペースで日々を過ごすことができるようにもなります。

心が飢えると、部屋にものが溢れる

人が「何かを手に入れたい」と思う衝動は、多くの場合、心が満たされていないときに生まれます。心が乱れていて、「自分は満たされていない」と感じるとき、いわば〝飢えを凌ぐ〟ために何かを手に入れようとするのです。

そして、満たされないものを満たそうとすると、それに付随して「恐れ」の感情が湧き上がります。満たすものがないと自分は満たされないと思ってしまい、そこに執着するようになるのです。

「心が飢えている状態」になっているとき、部屋にはものが溢れていきます。ま

た、一時的に片づけをしても、またものが増えてしまう「リバウンド」が起こるのも、「足りないものを満たす」という不満足感からくる発想が根づいていることが原因なのです。

ここ最近を振り返ってみて、何か満たされないと感じることはなかったでしょうか？　子育てのストレスを一人で抱えていたり、ママ友との人間関係で少しギクシャクすることがあったり、夫との関わりの中で不満に思うことがあったりなど……。そういった不満足感がストレスとなり、その発散のはけ口として、本当は必要のないものを衝動的に買ってしまうといったことになってしまうのです。

心を満たすためには、そういった「本音」に気づくことが大切で、その本音の部分で感じている悩みを解決していくことこそが、結果的にストレスをなくし、部屋の安定にもつながっていきます。

自分の本音を知り、根本的な部分での部屋の改善を行なっていくためにも、39ページからの「感情の整理」を参考しながら、自分の心にしっかり向き合っていきましょう。

本当にやりたいのは、片づけですか？

片づけ完了がゴールではない⁉

片づけができない人は、「片づけができるようになりたい」と思っています。だからこそ、いろんな片づけ本を読んだり、セミナーに参加したりもする。そうするのはごく自然で当たり前のことなのですが、実はここに、いちばんの落とし穴があります。

わたしはこれまで、部屋が片づかない人の相談だけではなく、「部屋が片づかない家族をなんとかしてほしい」という方の相談も受けてきました。どちらのケースも「片づけが完了すること」をゴールに見据えて相談に来られます。

しかし、この「当たり前とも言える『片づけ完了』というゴール設定こそが、現状を改善できない最大の原因である」と言われたら、あなたはどう思いますか？

彼女が本当にほしかったものは……

以前、片づけができないという女性のご相談で、こんなケースがありました。

「昔から片づけが苦手で、今も片づけができなくて、とても困っているんです……」とその女性。その方にわたしは、次のように質問しました。

「今まで、スッキリとした状態が一度もなかったということでしょうか？」

「いいえ、何度か片づけをしたことはあるのですが、また元に戻ってしまうんです。しかも、戻ると以前よりも酷くなることが多くて……」

「では、片づけができたとき、あなたがどんな気持ちになっていたか、憶えていらっしゃいますか？」

「そういえば、スッキリした爽快感よりも、イヤ〜な気持ちのほうが、なぜか強かったように思います……」

そうやってこの女性の過去の出来事を掘り下げていくと、片づけの背景に「親子関係の問題」が見えてきました。実はこの女性は、常に母親から片づけなさいと言われ続けていました。できていないと叱られて、一所懸命やっても褒められも認められもせず、いつも「片づけのできないダメな子ね！」と言われ続けていたのです。

片づけをすることが、母親に「よい子」として認めてもらう唯一の方法であるにもかかわらず、できたからといって認めてもらえるわけでもない……。この女性に、片づけをしたあとになぜか不快な気持ちのほうが強いという記憶があったのは、片づけをしても母親に認めてもらえないというトラウマがあったからなのです。

だからこそ、この女性は「片づけがしたい」と思い続け、「片づけができる」ことがゴールだと思っていたのです。しかし、この方が本当にほしかったのは、片づいた状態ではなく、「母親に認められる」ことだったのです。

人は「結果」ではなく、「感情」を得たい生き物

●片づけが気持ちいいか、気持ちよくないか

先ほどの女性の例のように、片づけができない人は「片づけること」がゴールだと思っているのですが、本当のゴールはそうではないケースが少なくありません。本来得たい結果は、片づけの先にある「何か」であり、そこにまず気づくことが何よりも大切なのです。では、その「何か」とはいったい何か？

それは「感情」です。

先の例からは、本当に得たい結果は「片づいた状態」ではなく、「母親から認められること」であったことが見えてきました。これをさらに噛み砕いていくと、「母親から認められる」ということは、「快（喜び）の感情」を得ることに直結します。

精神科医のフロイトは、人間の基本的な行動原則をこう表現しています。

「人間は、苦痛を避けて、快楽を得る行動をする」

快の感情を得るために行動をするのが、人間の基本原理。そうであるとすれば、片づけがしたいけれどなかなかできないという人は、片づけをすることが、快の感情に直結していないのです。要するに、片づけが気持ちよくない。

快の感情を得るという観点で、「片づけをするか、しないか」を天秤にかけたとき、「しない」ほうが自分にとっては「快の感情を得るためのいちばんの近道」と感じているからこそ、できないのではなく「やりたくない」と思っているのです。「やっても気持ちよくない」と判断しているわけです。まさにここを客観的に理解することが、行動を変えるポイントになります。

ゴールには快の感情を

人間は、快の感情を得るために行動する――だからこそ、何かを目指すときは必ず「快の感情がゴールにある」という状態を設定していく必要があります。「片づいた状態」という結果をゴールに設定するのではなく、「気持ちよくなるために片づけをする」というように、「快の感情」をゴールに設定すると、自ずと行動も進むようになっていきます。

今、思うようにいかない状態があったとしても、決して「悪くなろう！」と思ってそうなったわけではないはずです。よかれと思って判断し、行動したことが、結果的にはうまくいかない方向に作用してしまっただけのこと。

「よくなりたい」とは思えど、「悪くなりたい」と思って行動する人なんていません。だからこそ、うまくいかないことがあっても、自分や他人を責めることなく、うまくいかなくなってしまった要因を見つめ直し、「どうすれば、よりよくなっていくのか？」を考えるようにして、その上で「快の感情」をゴールに設定して、最初の一歩を踏み出していくようにしましょう。

感情の整理がうまくなると、自然と片づくようになる

〝自分がない〟と部屋が荒れる

わたしはこれまで、部屋が片づかない人の心理に特化して、数多くのケースに関わってきましたが、そうした中からの統計として、部屋が片づかない人は「自分よりも他人を尊重する」という心理傾向にあるケースが多いことに気づきました。物事を判断するときや、相手との関わりにおいて、「自分」ではなく「他人」に基準を置いて意思決定を行なっているのです。

そういった人は、よく言うと思いやりがある優しい人なのですが、悪く言うと、〝自分がない〟優柔不断な人でもあるのです。そしてこの〝自分がない〟ということが、部屋が荒れる大きな原因にもなっているのです。

〝自分がない〟ということは、自分が感じていることに素直になれていないということです。自分の感情を押さえ込みながら過ごしていて、他人との関わりにおいて

も、あまり自分の感情をストレートに表現をすることがない。〝自分がない〟状態だと、そのときに感じたことを、そのときに表現することがなく、常に感情を自分の中に溜め込むことで、その場をやり過ごすパターンが多くなります。そうなることで、本当は表現すべき感情さえも押さえ込んでしまい、気がつけばそれらが溜まりに溜まることによって、あとで大爆発して大きな問題となるケースも少なくありません。

●常日頃から感情の整理を

そうやって感情を押さえ込むことで自分がなくなってしまうことが、部屋が荒れていくことに直結していきます。自分の感じていることを大切にできないから、本来自分が大切にしたいことを脇に置きながら、他人に合わせて物事を判断することが多くなり、本来必要のないものを背負ったり、取り入れたりしてしまうのです。

だからこそなのですが、そういった「押さえ込んでいる感情」を吐き出すようにして、常日頃から感情の整理をうまく行ないながら「自分の精神状態を安定させていく」ことが、余計なものを取り込まない「冷静な判断力」を常に保つことにもなり、物理的な環境を整えていくための大きな一歩にもつながっていきます。

子育てをされている主婦の方は特にそうなのですが、思い通りにいかない子どもとの関わりの中で黙々と毎日を過ごすことで、自分の感情がおざなりになりやすいものです。単純に人と何気ない会話をするだけでも感情の整理につながるのですが、子どもを見ながら黙々と家事をしていると、そういった「誰かと会話をする」という気分転換すらできないもの。だからといって我慢をし続けると心にも身体にもよくないので、セルフケアとして感情の整理を日々意識することが大切です。

感じていることを、言葉に出してみよう

感情の整理を行なうためにいちばん大切なことは、今、感じていることに正直になるということです。今、この瞬間感じたことを、そのまま表現する――例えば、腹が立つと感じたら、「腹が立つ！」と言葉で表現する。逆に楽しかったら、「楽しい！」と素直に言葉で表してみる。自分の中に湧き上がる感情に善し悪しをつけずに、素直に表現をしていくことの繰り返しが、日々の感情の整理につながっていきます。

ただ、ここで間違ってはいけないのが、感じたことを素直に表現することは大切なのですが、「愚痴や悪口を言う」のとは違うということです。

純粋に「自分はこう感じた」と表現していくことが大切であり、誰かに矛先を向けた形で愚痴や悪口を言うことは、逆にどんどん自分をおとしめることになってしまいます。ですから、ここで感情の整理を行なうためのポイントを見ていきながら、実際に感情の整理を簡単に行なっていきましょう。

今、自分が感じていることを自由に書いてみる

感情の整理は、「今、何を感じているのかを確認する」ところから始まります。これは、通常の片づけにおける整理にも通じることですが、いきなり何かを変えようとはせずに、「現状を確認する」ということが、心理的にも物理的にも、物事を整理する上でいちばん大切なポイントなのです。

まずは現状を客観的に捉えていくためにも、今、感じていることをできるだけたくさん書き出していきましょう！

例

- **子どもの面倒を見るのが大変！**
- **ゆっくりできる時間がほしい！　など**

できれば白紙を用意して、そこに思いつく限りの自分の気持ちを表現していくと、それだけでスッキリとした感覚が生まれてくると思います。そうして感情を書き出したものを客観的に見たあとは、その紙をビリビリと破って、ごみ箱にきれいサッパリ捨てましょう。そうすることで、「感情を処理した」という行為が具体的にイメージでき、気持ちを整理することができます。

自分の心で感じていることを文字にして形にすると、そこに客観性が生まれます。そうやって客観的に自分の気持ちを感じていくことの繰り返しが、感情を整理することにつながっていき、心にゆとりを生み出します。

感情の整理が進むと「衝動的な行動」が減ります。「衝動買い」を繰り返して、ものがどんどん増えてしまう原因は、感情を押さえ込んでいることにあるからです。

女性はもともと男性に比べて、感情表現が豊かな性質があるため、それがうまくできなくなってしまうことが、生活のバランスを崩すことにつながっていきます。だからこそ、片づかない状況があるときは「白分の気持ちに向き合うサイン」だと思って、感情の整理を行ないましょう。

心の状態が、物理的な状態に反映していく理由

心の状態が部屋の状態

理屈で動くと書いた「理動」という言葉がないように、人は感じて動く「感動」の生き物です。頭で理解して行動するのではなく、心で感じ取って行動するのが基本的な人間の性質。もちろん、頭で理解して、納得して行動することもあるのですが、瞬発的ではなく「長続き」する行動を始めていくためには、心を動かしていくことが大切なのです。

部屋が片づかない状況を心理的にひもといていくと、頭ではわかっているけど「心が停滞している状態にある」ことがほとんどです。前節のように、自分の感情を押さえ込むことが多かったり、何かのきっかけで過去に引きずられてしまったりすることによって、今日できる簡単な行動もできない状態になっているのです。その心が目に見える形で表現されているのが、部屋の状態であると捉えてみてください。

そう捉えると、部屋の片づけは、単にその場を綺麗にしていくだけではなく、心のわだかまりも併せて片づけていくことにつながると感じることができるのではないでしょうか。

人生の中でいちばん長く居る場所が自宅の部屋であるからこそ、「部屋の状態」＝「心の状態」といっても過言ではないくらいに、部屋には自分の心が正確に表れるのです。

自分のことが大切にされないとき

部屋の乱れは、心の乱れ。そう捉えたときに、心が乱れてしまう原因を、少し思い返してみてください。どんなときに心が乱れて、何が起こったときに不安や恐れがやってくるのでしょうか？　それを客観的に感じるためにも、次の例を参考にして、文字にして書き出してみてください。

例

- **夫に頭ごなしに「いつもだらしない！」と言われたとき**
- **友人に自分の趣味について否定されたとき**

・自分のものを勝手に捨てられていたとき

いかがでしょうか？

書き出してみると、意外にたくさん出てくるものですが、心が揺れ動く原因をひと言で表現すると、「自分のことが大切にされない」——そんなときに人の心は大きく揺れ動き、乱れてしまいます。

これは逆に言うと、大切に扱われていると感じる機会が多ければ多いほど、心は安定していくということです。わたしは、部屋が片づかない方々の心の状態をたくさん見てきましたが、「片づけができない」と悩んでいる人のほぼすべてが、自分の心（本音）を大切にできていない状態にあることがわかっています。

「自分の心（本音）を大切にする」ということを今すぐ始めることで、心がたちまち安定するようになり、その結果、気がつけば部屋も心地よい状態へと自然と変化していった人を数多く見てきました。

だからこそ、あなたの部屋が片づかない状態で、なんとかしたいと思っているなら、「掃除をしよう」「片づけをしよう」「ものを減らそう」と考える前に、「自分の部屋を大切にする」という観点で、部屋を捉えるようにしてみてください。

そうやって「部屋を大切にすること」を考えていけば、自ずと部屋は心地よい状態になります。そして何よりも、そのプロセスが、「あなた自身の心を大切にすること」につながっていくのです。

「大切にできているか？」という観点で、ものに向き合ってみよう

今から、あなたの部屋にあるものを、「捨てるものを探す」という観点ではなく、「大切にしたいものは何か？」という観点で、一つひとつ見渡して確認していきま

しょう。

例えば、本棚の本の中で「いちばん大切にしたい本」を選ぶようにして、その本をいちばん手に取りやすい場所に移動させる。クローゼットの服を見ながら、「いちばんお気に入りの服」を、いちばん目につきやすい場所に移動させる。食器などもお気に入りのデザインのものがあれば、使って割ってしまってはもったいないからといって奥にしまっておかずに、いつも目に見える場所に飾るようにしてみるのです。

そうやって、「大切にする」という観点で部屋のものを見ていくと、結果的に、「大切にできていないもの」がより明確にわかるようになります。

すべての根本的な基準を「大切にする」に変えてみよう

●ものを捨てない掃除

わたしがクライアントさんの自宅へ片づけのセッション（相談・アドバイス）に伺ったとき、いちばん最初にやることがあります。それは「ものをまったく捨てない掃除」です。

具体的にはこうです。

実施場所の範囲を決めて、その場所のものをすべて別の場所に移したあとに、その空間を綺麗に掃除して雑巾がけし、ものをまた元に戻すのです。

ものを戻す際も、一つひとつを丁寧に拭いて戻します。今までは捨てられなかったけれど、やっぱりどう考えてもいらないと思えるようなものも、丁寧に拭いて戻します。

「もともとものが捨てられないのだから、今日も捨てなくていいので、絶対に捨てることを考えないでくださいね」

そうやって、捨てない掃除を続けていくと……。

「お願いですから、捨てさせてください！」

あれだけ「捨てられない……」と悩んでいた方々が、自らの意思で「絶対捨てたい！」と思うようになるのです。これは本当に、実績100％の事実です（笑）。

ものにくっついている想い

どうしてそうなるのでしょうか？

捨てることを考える前に、「大切にする」という観点でものに向き合うことで、そこにある想いを消化できたことが、自然と手放すことになる理由です。

「ものを捨てることができない」と悩んでいる人の多くは、「もの自体」が捨てられないと思い込んでいることが多いのですが、そうではありません。ものが捨てられないのではなく、そのものにくっついている「想い」が捨てられないのです。

思い当たることはあるでしょう。他人にとっては、どこにでもあるようなものだったとしても、そこに「想い」があれば、なかなか捨てられないはずです。

わたしは何も「あなたの大切な思い出を捨てましょう」と言っているのではありません。捨てなければならないのは、「もったいない……」「やっぱり便利かも……」「また使うかもしれない……」という「想い」です。そうした執着を解消していくことが、片づけに大きな影響を及ぼしていくのです。

手あたり次第、大切に

わたしが「捨てない掃除」を行なう理由が、ここにつながってきます。最初から何でもかんでもものを捨てるのではなく、「一つひとつを大切に感じていく」という行為によって、そこに付随する「想い」も一つひとつ実感していけるからこそ、それらの中にある「いらない想い」が自然に消化できるようになり、それが結果的に「捨てる」という行為につながるようになるのです。

部屋にものが溢れて片づかないと悩んでいる方の多くは、「とにかく捨てたい！」と、捨てることばかりに意識が向いてしまっているのですが、手あたり次第に捨てていくことを考えるのではなく、むしろ「手あたり次第に大切にしていく」と、発想を逆にしてものに向き合っていくと、なぜだか捨てる流れが生まれてきます。

「大切にする」という観点で一つひとつのものを見ていくと、たくさんのものを同時に大切にすることができないことにも気づき、その中で本当に大切にすべきものが見えてくるので、それ以外のものが自然と手放されていくのです。

あなたもぜひ一度「捨てない掃除」を行なってみてください。最初はまったく捨てなくてよいので、あなたの部屋にあるものを一つひとつ、できる範囲で見つめ直してみる。その中で「捨てたほうがいいな」と感じたものがあれば、これまでのことに感謝しながら手放していきましょう。そうやって繰り返していけば、「自分が本当に大切にしたいもの」がわかるだけでなく、「自分が本当に大切にしたい価値観」も明確になっていきます。

直接的には片づけに関係がないように思える「考え方」や「捉え方」を変えていくほうが、結果的にはリバウンドもない、安定した環境を築き上げることにつながっていきます。

次章からは、「片づけ方」の前に、「片づく考え方」を身につけていくための、「考え方の変革」に取り組んでいきましょう！

第2章

「片づける方法」より「片づく考え方」を身につけましょう

考え方を変えることから、一歩が始まる！

この章では、「片づく考え方」を実践的に身につけていくための3つのポイントをお伝えしていきます。

しかし本題に入る前に、「片づけられない人」と「片づけられる人」の考え方の違いを見ていきましょう。違いを知ることによって、「具体的に、何を、どう変えていけばよいのか」が明確になっていくはずです。

ではまず、次のページから続く3つの診断を行なってみてください。16ページと同じように、該当する項目を1点として、それぞれのテーマで何点になるかをチェックしてください。

この診断も、そのときのあなたの状態によって結果が変動するものですので、ふとしたときに定期的に診断を行なうようにしてください。自分をよりよい状態へと導いていく指針となることでしょう。

イメージ（想像力）診断

□どちらかというとジグソーパズルは得意で、楽しめるほうだ。
□過去の経験は、未来をつくるために最重要のものではない。
□旅行が好きで、いろんな場所を訪れるのは楽しい。
□過去の栄光よりも、未来の夢を語る機会のほうが多い。
□映画はよく見るほうだ。
□アパレルショップをよく訪れるほうだ。
□人のよいところを見つけるのが得意だ。
□気が合う人よりも、自己成長につながる人といるほうが好きだ。
□靴を磨くのが好きだ。
□自分が目指す理想の状態を生きている人（師匠）がそばにいる。

タイムマネジメント（時間管理）診断

□急な予定は、よほどのことがない限り入れることはない。
□何事も事前準備が大切である。
□待ち合わせには、必ず予定より10分前には到着している。
□自分にできないことは、すぐに他人の力を借りる。
□できるだけ残業はしないようにしている。
□遊ぶ時間こそを大切にして、日々過ごしている。
□スケジュールには、自分だけの時間を過ごす予定を入れている。
□毎日8時間以上睡眠をとっている。
□信号は必ず青になってから渡る。
□何か頼まれたら、必ず自分に無理がないかを確認してから返答する。

アクションパターン（行動指針）診断

□衝動買いをすることはあまりない。
□安いものよりも、価値あるものを買うことのほうが喜びである。
□流行のものに左右されることはあまりない。
□人が「よい」というものでも、自分が「よい」と思わなければ興味を持たない。
□何事も、まずはやってみることが大切である。
□失敗してもまた次に行けばいいと、すぐに切り替えることができる。
□うまくいっても、そこに固執することなく新たな取り組みができる。
□何かを始めることよりも、後始末をすることのほうが重要である。
□人が嫌がることを率先して行なうことができる。
□人によって自分の考え方を曲げて対応することはまずない。

「片づけ思考」を身につけるための3つのポイント

3つのチェックテストの点数は、いかがだったでしょうか?

チェックしたものを1点として、点数が高いほど「片づけ思考」に近づいているという「考え方の指標」として結果を捉えてみてください。満点だからよいというわけではなく、考え方と行動をしっかりと結びつけていくことが大切です。テスト結果を参考にした上で、片づけ思考を身につけるための3つのポイントについて、次に詳しく見ていきましょう。

①イメージ(想像力)

一つめのポイントが「イメージ(想像力)」です。

片づけとは、すでにある理想のイメージに結果を近づけていくことで完了する行為です。ジグソーパズルは最初に「完成図」を見てから、一つひとつのピースを埋めていきます。片づけも同様に、最初に「完成図」を見てからスタートする必要がありま す。片づけが苦手な人は、この完成図である「イメージ」が圧倒的に少ない状態になっています。「片づける方法」ばかりを探し求めてしまい、「片づいているイメージ」を描くことがほとんどないのです。

そういった方にわたしがおすすめしているのは、知り合いに部屋が片づいている人がいれば、その人の部屋を見せてもらう。また、ホテルの部屋やモデルルームなどの「整った空間」をできるだけたくさん見るようにすることです。そうした「整ったイメージ」をたくさん見ることによって、イメージに近づける具体的な行動が生まれるようになります（68ページ参照）。

②タイムマネジメント（時間管理）

2つめは、タイムマネジメント（時間管理）です。

時間の使い方を真剣に考える機会は、意外と少ないものですが、この「時間に対する考え方」がしっかりしているかどうかが、「散らかる状況を引き起こさない」ための予防にもなっていきます。

「片づけができない理由」の最たるものは、「時間がない」です。仕事や習い事が忙しかったり、家事や子育てが忙しかったりなどなど。そうやっていろいろなことに忙しくなることで、掃除や片づけをする時間がなくなってしまう……。そんな方が非常に多いものです。

「忙しい状況」が生じてしまうのは、時間管理がうまくできていないことが原因です。1日24時間という限られた時間をしっかりと意識し、時間の使い方を注意していきましょう。

時間＝命です。

あなたは、あなたの大切な命（時間）を、自分でどう捉えているでしょうか。時間を浪費するということは、あなたの命を粗末に扱うことになるといっても過言ではありません。あなたに与えられた命を大切にしていくという意味でも、この機会にぜひ、時間についての考え方を見直していくようにしましょう（78ページ参照）。

③アクションパターン（行動指針）

そして最後は、アクションパターン（行動指針）です。

何を基準に行動をしているのかを、ちゃんと自分で認識することは、とても重要なことです。片づけが苦手な人ほど、「完璧にすべてやり切る」ということを行動の基準に設定している傾向にあります。だからこそ、片づかない部屋を見渡して、できないと思ったり、時間がないと感じたり、「次にできそうなときにしよう……」と思って先延ばしにしてしまったり、といったことが延々と続いてしまうのです。完璧を目指して日々の片づけに取り組もうとするからこそ、小さな一歩をいつまでも踏み出せなくなってしまうのです。

そこで、片づけに対する目標の基準を、「完璧にやる」から「部分的に完了させる」という意識に切り替えていきましょう。ジグソーパズルのピースが組み合わさって1枚の絵が完成するようなイメージで、片づけの目標や基準を、部分、部分で捉えて意識してみるだけでも、行動は驚くほど加速していきます。そのためにも、92ページの「部分片づけ術」を参考にして、今の行動パターンの基準を一つひとつ切り替えていくようにしてみましょう！

やる気が自然に生まれる「イメージ・チェンジ術」

条件つきの思考が、片づかない状況を生み出す

「片づけ思考」に切り替えていくために必要な3つの要素を、さらに細かく見ていくことにしましょう。まずは「イメージ（想像力）」です。

片づけは、「最初に『完成図』を見てから、その状態に近づけていく行為」だと先ほどお伝えしました。そのためには「イメージから逆算して行動を決める」という習慣を身につけることが大切です。

片づけが得意な人は、夢や目標をどんどん実現する能力にも長けているのですが、その理由はすべて、イメージ力に集約されます。

片づけが苦手な人は往々にして、「お金が貯まったら、ほしいものを買う」「時間ができたら、やりたいことをする」「もっと自信が持てたら、彼氏ができる」というような、〝条件つき〟の考え方で行動を決める傾向にあります。しかしそれは、条件が

揃わないと次に進めない考え方であり、必然的に先延ばし、後回しが多くなっていきます。そしてその積み重ねが、片づかない状況を生み出していくのです。

イメージから逆算して行動を決める

片づけが苦手な人と、片づけが得意な人、つまり「片づけ思考」が備わっている人との考え方には、明確な違いがあります。

「片づけ思考」の人は、「ほしいものを買うために、お金を貯める」「やりたいことをするために、時間をつくる」「彼氏をつくるために、自分に自信を持つ」というように、未来の得たい明確なイメージから逆算して、「そのイメージにふさわしい自分になる」という発想で行動をしているのです。この考え方が、「イメージから逆算して行動を決める」ということです。

片づけも同じです。「スッキリとした明確なイメージ」があるからこそ、それにふさわしい状況を生み出していくことができます。

そう考えると、片づけが苦手な人はやはり、「片づいていない状態」ばかりを見ることが多いのではないでしょうか。片づけに限らず、なぜかうまくいかない人は、往々にして、「うまくいかないイメージ」をたくさん描いてしまっています。人の不幸に敏感だったり、過去の失敗を思い出すことが多かったりなど……、そうやって、あらゆるところから、「うまくいかないイメージ」を無意識のうちに集めてしまっているのです。

片づけ思考になっていくためには、散らかった状態を片づけていこうという意識で行動するのではなく、「理想的なイメージの状態に近づける」という観点で行動していくことが大切です。

子どもの頃を思い出していただくと、イメージしやすいと思います。アニメのキャラクターや好きな芸能人を見ながら、その真似をしてみた経験はなかったでしょうか？　憧れの存在やなりたい姿を見て、身振り手振りを何度も真似していくことで、まるで自分もその憧れの存在と同じようになったかのように、行動がみるみる変わっていくのを、誰しも一度は経験したことがあるのではないでしょうか。

そういった「ものまね」の原理と同じように、片づいている状態のイメージを基準にして、その状態に自分の部屋を近づけていく意識で行動すると、「そのためには何をすればよいのか？」という具体的な行動ができるようになるのです。

具体的な行動は、具体的なイメージから生まれる

「言葉による理解」と「イメージによる理解」

さてここまで、「イメージの大切さ」について説明をしてきたのですが、皆さんは理解できているでしょうか？「なんとなくはわかるけど、いまひとつ腑に落ちないな……」――そうあなたが思っているなら、それは実に正しい感性です。

今は言葉で理解しているだけなので、まだ実感が追いついていない状態。この状態のときにさらに具体的なイメージを描いていくと、一気に納得することができます。

そこで今から、「言葉による理解」と「イメージによる理解」では、どちらが実際の行動に移しやすいのかを、簡単に比較していきましょう。

これからあなたに、２つの方法で片づけの説明をしていきます。

まずは、言葉から。

では今から、出窓の上に散らかっているものをすべて床に置いてください。そして埃を被っていたところを、綺麗に雑巾で拭いていきます。そのあとに、床に仮置きしたものを分別して、必要のないものはできるだけ捨てるようにしましょう。

そして、出窓には観葉植物やお気に入りのアンティーク雑貨を置いてみましょう。

と、このように言葉で説明しましたが、これを「イメージによる理解」に置き換えると、次ページのようになります。

いかがでしょうか?

写真だけの説明のほうは、余計な言葉がありません。しかし、この2つを比較してみて、どちらが実際に行動に移しやすいと感じましたか? おそらく写真だけのほうが、具体的にどうすればよいのかが理解でき、行動にも移しやすかったのではないでしょうか。

今からこの写真のような
状態をつくってください。

人は、言葉で理解して行動するのではなく、具体的なイメージを描くことで想像力が掻き立てられ、行動できるようになっているのです。言葉と写真による簡単な違いだけでも、実感を持って理解していただけたのではないかと思います。

●よいイメージをたくさん集める

あなたがもし、何か行なおうとして一歩踏み出せないと思っているなら、それはあなたに自信がない、勇気がないからではありません。行動を起こすことを躊躇してしまうほとんどの理由は、あなたの一歩がどんな結果につながるのかが、具体的にイメージできていないからです。

片づけの方法論を学ぶ前の段階として、「いろいろな部屋のパターン」を見ていきましょう。インテリア雑誌を見るのもよいですし、「お宅訪問」といったテレビ番組を見るのもおすすめです。そうしたものからは、見た目ばかりではなく、家づくり、部屋づくりの考え方の部分も知ることができるので、より具体的なイメージを持ちやすくなると思います。

やる気が自然に生まれる「イメージ・チェンジワーク」

それではここから、あなたが片づけを自然にやりたくなるような「イメージ・チェンジワーク」をお伝えしていきます。

今、あなたが抱いている「片づけに対するイメージ」を変えるためにも、次の質問に答えていただき、「望む未来」へのイメージをどんどんふくらませていきましょう。

質問　あなたが片づけに取り組むと、どんな未来が待っていますか？

片づけとは、ゴールではなくプロセスです。あなたがよりよい未来を生きるための一つの過程として片づけがある——そういった意識を持って、片づけを目標にするのではなく、「それをすることによって得られる未来の状態」を目標にしていきましょう（回答欄は次ページ）。

例

・好きな本をゆっくりと読めるゆとりが生まれる。
・友人を部屋に招いて、お茶をしながらくつろげる。
・家族で落ち着いた会話をしながら、食事を楽しめる。

行動を促す〝心のエンジン〟は「ビジョン」によって起動する

「明確なビジョン」がないと、どうなるか？

片づけをすることによって得られる未来を、ありありと思い描いてゆく――文字で書いてみるだけでも充分に効果はありますが、できれば書くことからさらに湧き出したキーワードに関連する写真や、実際にそれらを体験できる場所を、可能な限りたくさん感じるようにしてみてください。

片づけの相談を受ける中でよく耳にするフレーズに、「片づける気力が生まれないんです……」というものがあります。こうしたことを口にする方々の多くは、やる気が出ないからこそ、「やる気を出すためにはどうすればよいか？」と考えます。一見正解のようですが、実はそれが行動を阻む〝落とし穴〟になってしまうのです。

やる気が出ない人がやる気を出すことによって、実際に行動は生まれます。しかし問題は、それが持続できるかどうか。一時的にやる気を出して行動しても、それが続かずにモチベーションが低下してしまう。モチベーションが低下したので、やる気を出すために奮闘して行動するけど、また続かずに元通り。「自分にはやる気が全然足りないのだ」と思って自己啓発の本やセミナーなどで自分を鼓舞してやる気を引き上げて行動するけれど、今度は〝燃え尽き症候群〟のようにやる気を失い、またしばらく行動ができなくなる。そしてまたやる気を……。こんな〝負のスパイラル〟に陥ってしまうケースは少なくありません。

しかしこうなってしまうのは、「やる気」の問題ではなく、ビジョン（未来の自分の理想像）が明確でないことが原因であるケースが多いのです。

「片づけよう」と意識しない

それでは、「イメージ・チェンジワーク」の最後のポイントとして、「考え方の枠組みを切り替える」ということを行なっていきましょう。

「片づけをすることで、どんな未来が待っているのか？」というイメージを描くことはとても大切なのですが、それがそのまま「片づけをすれば、その未来が手に入る」ということなのではありません。ここを誤解してしまい、「だったら、片づけをしないと未来に進めないの？」と思ってしまう人が多いのですが、そんなことはありません。

先ほど、「片づけはプロセスだ」とお伝えしました。より自然に片づけができるようになるためには、「片づけよう」と意識して行なうのではなく、「結果的に片づく」ようにもっていくことが大切です。「片づけよう」ということすら意識しないことが、結果的に片づくような状況を生み出すのです。

例えば、リビングテーブルやデスクの上が散らかっているとしたら、そこを片づけようとするよりも、花屋さんで季節の切り花を買ってきて、「この花が映えるような状態をつくろう」と思いながらテーブルやデスクの上を整理してみると、結果的に「片づいた状態」が生まれるのを体感できると思います。

ワクワクすることを目標に

片づけをすれば、未来が開ける——このような考え方は、これっきり終わりにしましょう。

これからはもっと楽しく、自分がワクワクすることを未来の目標に設定して、そのプロセスの中に、自然に「片づけ」が組み込まれるようにしていくのです。

そこで今から、70ページで書き出していただいた「未来の状態」にいち早く辿り着くために、宣言をしましょう。

方法は簡単です。具体的な日付を入れて、望む未来を文字に書いて宣言するだけ。

例を参考にして、実現できるかできないかなんてまったく無視してかまいませんので、自由に宣言してください。

例

- 来年の12月に家族でハワイ旅行します。
- 今年の6月に友人とホテルのフランス料理のフルコースを味わいに行く。
- 3年後に、今より広い家に引っ越しをする。

いかがでしょうか？「具体的な日付を書いた未来」を改めて客観的に見て、「今の部屋は、理想の未来にふさわしい状態か？」を改めて意識し、今の部屋の状態を、未来の自分の視点から捉え直してみましょう。未来の理想像にふさわしい自分づくりの一環として、片づけではなく、理想の自分に見合った部屋づくりを行なっていくのです。

▼実践者の感想▲

片づけをやめたら、片づきました（笑）

……………40代　主婦　みかさん（仮名）

わたしは昔から片づけができなくて、それがいちばんの悩みとなっていました。周りからも片づけをしたほうがよいと言われるのですが、わかっていてもなぜかできない自分。いろんな片づけ本を手に取るのですが、読むだけで行動には移せない日々を過ごしていました。そうして気がつけば、片づけ本が山積みになるほどに増えていき、それこそ「片づけ本が片づかない」という、笑うに笑えない状態に……。

途方に暮れていたとき、伊藤先生はこうおっしゃいました。

「片づけができないなら、やらなくてもいいですよ」

片づけをしたいから相談したのに、「やらなくていい」って……。最初はまったく理解できなかったのですが、お話を聞くうちに、その言葉が腑に落ちました。

「片づけができないのは、やり方がわからないというよりも、片づいている状態のイメージができていないから。まずは『これが片づいた状態である』というイメージをたくさん見ることが大切なのですが、お友だちに片づけが上手な人はいますか？」

そう聞かれて、何人か思い当たる人がいました。

「では、そのお友だちにお願いして、部屋を見せてもらうことは可能でしょうか？それができるなら、まずは『片づけ』を脇に置いて、『片づいている部屋の状態』をできるだけたくさん見るようにしてください」

さっそく電話をして、部屋を見せてもらえることに。改めて友人の部屋を見てみると、気づくことの連続でした。「へぇ～、こうやって収納するんだ」「あ、これならウチでもできるかも」などなど、片づいた部屋を実際に見ることによって、自分の部屋の片づけに応用できるイメージがどんどん湧いてくるようになりました。

すると不思議なもので、以前は「片づけ」と考えるだけでイヤな感覚になっていたのに、「片づけたい！」と思う気持ちが自然に湧いてきて……。そこから弾みがついて、今では心地よい部屋で過ごせるようになっています。

ゆとりが生まれる「片づけメンタル時間術」

「時間がない」って本当ですか?

「片づける時間がない……」

あなたもこの言葉を口ずさんだことが、きっとあるはずです。

片づけに限らず、忙しくなるとついつい口にしてしまう言葉――「時間がない」というのは〝世界三大言い訳〟と言っていいほど、日常のあらゆる場面で言ってしまいがちな言葉です。

もちろん時間がないわけではありません。1日＝24時間は全世界共通。そう考えてみると、時間だけが、人間に等しく与えられたものなのかもしれません。

そうした平等に与えられている時間を、「ない」と感じてしまうのは、時間がコントロールできていないことが最大の原因。それは「時間がない」のではなく、「時間をコントロールする能力がない」というのが本当のところなのです。

ある時間を活かす

子育て経験のある方ならおわかりいただけると思いますが、「思い通りにならない相手」と過ごすこと——これが、「時間のコントロール」を難しくしてしまう原因の最たるものです。そうして自分で時間をコントロールできなくなることが、「時間がない」という観念を生んでしまうのです。

「片づけ」という行動を、日常の中に効果的に組み込んでいくには、こうした時間に対する捉え方を切り替える必要があります。つまり「時間がないからできない」という考え方から、「ある時間を最大限に活かす」という考え方に切り替えていく。そうやって、他人事ではなく自分のこととして、自分で時間をコントロールしていけるよう意識していくのです。

せっかくですからここからは、「時間」を見つめ直していきましょう。すでにある時間をうまく活用していけるようになると、そこに「心のゆとり」が生まれます。そして、心にゆとりが生まれると、「片づけをしよう」という意欲も自然と湧いてくるものです。今日からは「時間がない」という言葉にサヨナラをして、時間を味方につけることを考えていくようにしていきましょう。

時間を味方にする第一歩は、現状の時間の使い方をちゃんと認識することから始まります。「自分がどんなことに時間を使っているのか」を改めて見つめ直してみると、「ない」と思っていた時間の中に、「活かせる時間」が見出せるようになります。

●24時間のリズムを書き出してみましょう

今の自分の時間の使い方を客観的に把握していくために、まずは例を参考にしながら、24時間のタイムスケジュールを書き出してみてください。

(0時)	(↓)
1時	↓
2時	↓
3時	↓
4時	↓
5時	起床・洗面所で化粧
6時	家族の朝食の準備
7時	夫を送り出す
8時	子どもを学校へ送り出す
9時	洗濯物を干す
10時	家の掃除
11時	↓
12時	昼食
13時	休憩
14時	(昼ドラ・ワイドショーなどを見る)
15時	洗濯物を取り込む・畳む
16時	夕食の買い出し
17時	夕食の準備開始
18時	食事の用意
19時	家族で夕食
20時	夕食の後片づけ
21時	ドラマを見る
22時	お風呂に入る
23時	夫の明日の仕事着の準備
24時	就寝

いかがでしょうか？

簡単でいいので、1日24時間で自分が行なっていることを書き出していきながら、自分の時間の使い方を客観的に把握します。慣れてきたら、1週間すべての時間の使い方を見つめ直してみると、それだけで「時間に対する意識」が変わることが実感できるはずです。

時間が「見える」ようになる

毎日坦々と過ぎ去っていく時間を、改めて自分で意識してみることが、時間コントロールのいちばんのポイントです。そうやって自分が使っている時間を客観的に把握することで、「ムダに使っていた時間」も見えてくるようになるので、「時間がない」と思っていた過ごし方の中に、案外たくさんの「ムダに過ごしていた時間」が見えてきたり、「もっと活かせそうな時間」が見えてきたり、「そんなにかけなくてもよかった時間」に気づくことができたりと、盲点に気づくことができます。

時間は「自然に流れていく」というような感覚があるからこそ、その「流れ方」を意識することは、意外と少ないものです。手帳に予定を書くだけなら、簡単にできるかもしれませんが、1日の時間の使い方をしっかり把握していくのは、案外難しいこと。しかしそれこそが、「本当にやる必要があること」をしっかり見極めることにつながっていきます。

自分との約束を、予定に入れる

「自分がどんな時間の使い方をしているのか」を、ひと通り見つめ直すことができたら、今度は時間を積極的に活かしていけるよう考えていくことが大切です。それが「時間を費やす必要がない、不要な事柄」をどんどん省いていくことにつながっていくからです。

かといって、いきなり完璧な時間管理をしようとすると、逆に自分のペースを乱すことになり、本末転倒になってしまいます。「変わりたいけど、いつまで経っても変われない」という事態に陥らないためにも、今の自分を変えるために大切なことは、「大きく」変えようとするのではなく、「小さく」変えていくこと。変わっているのか変わっていないのか、わからないくらいの微細な変化でいいのです。

そこで今から、その「小さな一歩」を踏み出すために、「自分との約束」を予定に入れてみましょう。「自分との約束」とは、自分のための時間をつくることを、自分で自分に約束するということです。

1日の時間の中で、「これだけは必ずやる」ということを、スケジュールの中に組み込んでください。何も「特別なこと」をする必要はありません。労力をかけずに簡単にできることで、毎日続けてやれそうなことを、1日の時間の中に組み込んでいくのです。

毎朝ゆっくり洗顔してみたら……

わたしの例で言うと、始発電車で出勤し、終電で帰宅するようなバタバタとした毎日を繰り返していた時期があったのですが、そんなある朝、妻が洗顔している姿をたまたま見かけたことで、自分の余裕のない日々を改めるきっかけが生まれたのです。

妻は毎朝、ゆっくりとした時間を取っていて、洗顔をする際にも肌を慈しむように、優しく、ゆっくりと洗っていたのです。そうやって自分を大切に扱う姿を見て、わたしもやってみようと感じました。

男性だということもあり、それまでフェイスケアやスキンケアなどはまったく意識していなかったのですが、「毎日の洗顔だけは、妻と同じようにやってみよう」と決めて、日々、自分を慈しむように洗顔をすることで、「もっと自分を大切にしたほうがいいな……」という感情が湧き上がってきたのです。

また、それまでは自分の表情を鏡でしっかりと見ることなどなかったのですが、そうやって洗顔だけでもゆっくりと行なうことを心がけたことで、改めて自分の表情をしっかりと見るようになりました。改めてマジマジと見てみると、土色でこけたような表情で、どう見ても顔色が悪い……。

「明らかに、うまくいっていない人の顔だな」

そう思うと、なんだか自分でも笑えてきました。そしてその日から、「いい顔でいられる自分になろう」と思い、それまでの仕事のやり方を見つめ直していきました。するると、どんどん時間にゆとりが生まれるようになり、表情も明るくなり、肌にもツヤが出てくるようになりました。

人に会っても、「いつもツヤがあって、いい表情してますよね！」と言われるようになり、見た目の印象がよくなることで、結果的に思わぬ仕事もたくさん舞い込んでくるようになったのです。

このように、「妻と同じようにゆっくりと洗顔をする」という些細なことを1日の時間に組み込んでいったことで、それが起点となり、自分でも驚くほどの変化がもたらされました。

自分を大切に扱うことで、「自分を大切にできる時間の使い方」を考えるようになり、その結果、1日の他の時間も積極的に捉えて、有効に使っていくことを意識するようになったのです。毎朝、ゆっくりと洗顔をするようになっただけ、1日の中の時間にすれば、たった3分ほどの変化です。

一つだけ、意識して毎日取り組んでみる

そのほか、わたしの例以外でも、「家でほっとひと息、ゆっくりとコーヒーを飲む時間をつくる」や「食事の洗い物だけは、食べたあとにすぐする」といったことだけを1日の中で意識して毎日取り組むことで、結果的には1日全体の時間にゆとりが生まれるようになり、片づけだけでなく、夫や家族との関係も今まで以上によくなったというご報告をいただくケースが少なくありません。

誰にも等しく与えられた時間を、より有効に活かしていく第一歩として、たった一つでいいので、これまでに挙げた例などを参考にしながら、「自分に毎日できること」で1日の時間の使い方に積極的な変化をもたらしてみましょう。まったく新しい何かをする必要はありません。普段当たり前にやっている習慣に「小さいけれど新しいこと」を加えるようにして、日常にちょっとした変化をつけるようにするのです。

例えばこんなこと

- 朝、起きる ↓ 起床後はクラシック音楽をかけて気持ちよく1日を始める。
- 朝、歯を磨く ↓ 笑顔になって鏡を見ながら歯を磨く。
- バタバタと化粧をする ↓ 10分のゆとりを持って化粧をする。
- 食器洗いをする ↓ 普段とは違う、手に優しい洗剤で洗う。
- 窓を開けて換気する ↓ 窓を開けるときにサッと窓拭きしてから換気する。
- 買い物に行く ↓ 必ず冷蔵庫の中身を確認してから出かける。
- パソコンを起動する ↓ 起動時間に画面とデスク（テーブル）を拭く。
- 夜、寝る ↓ 深呼吸を3回繰り返し、リラックスを心がけて寝る。

「自分が決める時間」を優先すると、それ以外の時間が整理される

自分が決める時間を守る

部屋が片づかない方々の心を見つめていくと、「自分が決める時間」を大切にできていない傾向があります。自分で決めたことを行なう時間よりも、他の人との関わりの時間を優先して行動してしまう。それが結果的に、自分のことを後回しにする習慣となり、ひいては、大切にしたいと思う他人との時間さえもが、逆に圧迫されていくようなことにもなってしまいます。

あなたが大切にしたいと思うことを、本当に大切にしていけるように、「自分が決める時間を優先する」ということを実行してみてください。例えば、何か急な誘いがあったとしても、「自分が決める時間は極力ずらさない」ようにするのです。

「今週の木曜日は少し時間がありそうだから、本でも読んでゆっくり過ごそう」と計画をしたことに対して、「木曜日、空いてるかな？　お茶でもしない？」と、友人

に誘われたとしても、「その日は予定があるからゴメン！　次、また誘ってね」と断って、自分が決める時間を優先するのです。

自分が心から楽しめる予定を

自分が決める時間は、他の誰と約束したわけでもないので、自分の都合でいかようにも変えることができるものです。しかし、そういった時間だからこそしっかり大切にしていくことが、他人に振り回されない〝軸のある自分〟につながっていきます。

「自分が決める時間を優先する」という習慣から、自分の時間を軸にすることで、他人との予定も無理がない範囲で入れていくことができるようになります。

そこで、これは先ほど考えていただいた「1日の中でこれだけはやる」ということを少し進化させたことですが、1カ月のうちの1日だけでいいので、「自分のためだけの予定」を、自分で決めて入れるようにしましょう。家族にも友人にも、誰にも邪魔されない自分だけの時間。丸1日を費やす必要はありません。わずか数時間でもいいので、自分の心が安らぐ時間をつくることを決めて、その時間だけは、誰に誘われても変動させないよう、「いちばん大切にしたい予定」として1カ月のスケジュールに組み込んでいきます。ポイントは、自分の心が安らぐことや、自分が心から楽しめるような予定を入れることです。

そうやって自分のための時間を大切にできるようになることが、結果的に、他人との時間を大切にしていくことにつながり、さほど必要でない予定も安易に入れなくなるので、自分の時間がさらに大切にできるとともに、時間の浪費も防げるようになっていきます。

「1カ月に一度、ゆっくりとDVDを観る時間をつくる」「1カ月に一度、ホテルでアフタヌーンティーを味わいながらくつろぐ時間をつくる」「1カ月に一度、料理教室に通ってレパートリーを増やす」などなど。

さらに、1カ月の中で自分のための予定を1日だけつくるだけで坦々と過ごすのではなく、当日のプランをさらに具体的にイメージするなどして、少しでも楽しみが大きくなるよう意識していくと、毎日が少しずつでも気分よく過ごせるようになっていきます。

▼実践者の感想▲

自分が決める時間を優先すると、いろんなことが整理できました

……………30代後半　主婦　まゆみさん(仮名)

家事をしながら3人の子どもを育てている中で、毎日あれやこれやと忙しく過ごしていました。子どもがいると何かとバタバタして、掃除をする時間がうまく取れないでいる毎日。なのに夫からは、「仕事もしていないんだから、掃除くらいしろよ！」と頭ごなしに言われて、幾度となく喧嘩を繰り返していました。

そんなとき伊藤先生が、「子育てをしながら家事をするのは、男性が思っている以上に大変なことだと思います。子どもは特に思い通りにならないような存在だからこそ、自分のペースが乱れやすくもなるのですが、1日の中で自分が落ち着くような時間はありますか？」とおっしゃった中で、自分のことを振り返ってみると、自分が落ち着く時間がまったくないことに気づきました。

朝から晩まで、子どもや夫のことを考えながら子育てや家事を繰り返す毎日。自分

の楽しみなどを考える暇もなく、毎日流されるように坦々と過ごしていました。

「では、1日の中で数分でいいので、自分で意識して、自分の心を整えるような時間を取ることはできますか？」

そう言われて、数分だけならできるかもと思って、子どもも夫も寝ている朝の時間に5分だけ、何も考えずにゆっくりとお気に入りのハーブティーを飲む時間を取るようにしました。

その時間を持つようになったことで、慌ただしく過ごしていた毎日を客観的に感じられるようになり、1日の中でメリハリがつけられるような感覚が生まれました。

そこからは、「明日の朝は、どんなハーブティーを飲もうかな？」と、自分の時間を楽しむための買い物もするようになり、1日の中で楽しめる時間ができたことで、不機嫌に坦々と行なっていた毎日の洗濯や掃除が、自然といい気分でできるようになっていきました。

今はまだ小さな変化かもしれませんが、自分の時間を大切にしたことで、それ以外の時間をいい気分で過ごせる割合が増えたように感じています。これが続くとどうなるのかを考えると楽しみで、少し希望が持てるようになりました。

行動が加速する「部分片づけ術」

一つひとつの積み重ね

「何事も手を抜かずに、真剣に取り組みなさい」

皆さんも、こんなことを言われた経験があるはずです。

物事に真摯に取り組んで、完璧に遂行する——それが人としての在り方の理想かもしれませんが、なかなかそうはいかないものです。

片づけが苦手な人ほど、そういった「完璧思考」で物事を考えがちです。「片づけるからには、完璧にしないといけない」と思って、ちょっとした片づけに対しても、年に一度の大掃除を行なうかのように、やる前から目尻を吊り上げて取り組もうとするのです。

部屋が片づかない状態になってしまったのも、「一瞬でそうなった」わけではないはずです。日々の積み重ねによって、どんどん片づかない状況も積み重なり、片づけの必要性を感じながらも行動に移せない日々が続く中で、さらにどんどんとものが増えていくようになった……。そんなふうに時間をかけて積み重なった結果が、今の状態であるわけです。

いきなり荒れた状態が生まれたわけではないように、いきなり綺麗な状態を生み出すことも、実は不自然なこと。片づけは、一気に完璧に行なっていこうと考えるよりも、小さな一歩を積み重ねていくような意識で取り組むことが大切なのです。

手抜き思考のススメ

「最初から完璧にしようという意識で行動を始めない」――これがポイントです。片づけに限らず、あらゆる行動が実行に移せないいちばんの要因は「完璧にやろうとする」ことです。その意識が強いあまりに、最初の一歩が踏み出せず、また、せっかく行動を起こしても、完璧にできないことでモチベーションが下がってしまい、次の一歩が出なくなるのです。

おすすめは「手抜き思考」です。

「手抜き」と聞くと、「テキトー」とか、「いい加減」というような悪いイメージで捉えられやすいのですが、決してそうではありません。これからお伝えしていく「いい意味で手を抜くこと」が、自分が思い描く完璧な理想像に近づけていくための、最もシンプルかつ最短の方法なのです。ポイントは次の3つ。

・ちょっとだけやる
・時間を決めてやる
・やる気がないまま行動する

今すぐにできるところから、さっそく実践してみてください。

ポイント① ちょっとだけやる

片づけようと思うとき、スッキリとした状態を早く実現したいと思うため、一気にやろうとしてしまうものです。しかし多くの場合、現状を見るだけで片づける前に心が折れてしまったり、ある程度片づけられたとしても継続できず、打ち上げ花火のように一瞬の出来事として、またすぐに散らかった状態にリバウンドしてしまったりするケースが少なくないのです。

まず最初の取りかかりは、あまり重く考えないように「気軽に」始めてみることが大切。「ちょっとしかやらない」と最初から決めておいて、ほんの少しだけ行動するのです。そうすることによって、完璧思考も逆に活きてくるようになります。

わかりやすくイメージしていただくために、一度、左の図をキッチンの壁のしつこい油汚れだと考えてみてください。

キッチンの壁の汚れ
(「汚れ」が基準)

1点だけ綺麗にしてやめる
(「綺麗」の基準の認知)

それを眺めていると気になって綺麗な範囲を広げたくなる
(「汚れ」→「綺麗」基準の移行)

気がつけばすべてが綺麗に
(「綺麗」が基準に)

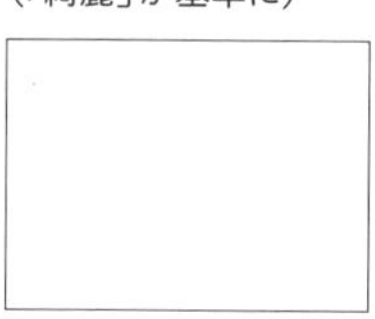

そして、ひとたび「綺麗」が基準になれば、「汚れ」が出現しても「綺麗」基準で行動するので、汚れが広がることはありません。
最初からすべて完璧に遂行しようと思うと、逆にまったく完遂できないようになる

のですが、一見「手抜き」と感じられるような〝ちょっとだけの範囲〟を決めた小さな行動を「よし」としたほうが、思っている以上に大きな範囲を遂行できるようになるのです。

ポイントは、「本当にちょっとしかやらない」こと。そして、その〝ちょっと〟をやり終えて、「もう少しやりたい」と思ったら続けてみる。やりたいと思わなければ、そこで終わってOK。そんな気持ちを大切にしてください。

これくらいの感覚だと、今からでも取り組めるような気持ちになってきませんか？そう思われたなら、ぜひ今からすぐに行動に移してみましょう。本書を読み進めていくのをここでいったんストップして、ちょっとだけでかまいませんので、身の回りのできる範囲で片づけてみてください。思いつかなければ、先ほどの例のように、キッチンの汚れを「1点だけ」綺麗にして眺め、また本書を読みに戻ってきてください。

ホントにちょっとでいいので、やったらすぐに戻ってきてくださいね。まだまだお伝えしたいことがたくさんありますので、くれぐれもやりすぎないように……。

ポイント②　時間を決めてやる

片づけのご相談で耳にする言葉で、間違いなくトップ3に入るものの一つが、「時間がないから、片づけができない」です。これは片づけに限らず、現代人の多くが、「時間がない」ことを理由に、行動ができないと思い込んでしまっている傾向があるかもしれません。

だからといってあなたに、「時間がないというのは言い訳です。自分で意識して時間をつくりましょう！　本気度が足りないのです！！」と言いたいのではありません。

あくまでわたしがお伝えしたいのは、「手抜き片づけ術」。無理矢理、自分を鼓舞する必要はまったくありません。

「時間がない」という思い込みを解消するいちばんのポイントは、時間管理術の項（78ページ）でもお伝えしましたが、「すでにある時間に注目をする」ということです。これを応用しながら、片づけを最初から完璧にこなす習慣を身につけようとせずに、わずかな時間でいいので、「時間を限定して片づけを始める習慣を身につける」ということを行なっていくのです。

「片づけをやり切る」というゴールではなく、「片づけを始める」というスタートに重点を置くこと――そうやって気軽な感覚で行動をする習慣が身につくと、一歩一歩確実に、片づけは進んでいくようになります。

それを実感していただくために、また本書を少し脇に置いて、今から5分でいいので、片づけに取り組んでみましょう。

・「5分だけしかやらない」と固く決めて、5分経ったら必ずやめてください。
・正確に時間を区切るために、キッチンタイマーやスマートフォンのアラーム機能などを5分にセットしてください。
・テーブルの上を整理して拭くだけでもいいし、キッチンの引き出しの簡単な整理でかまいません。小さな範囲を、5分以内で簡単に取り組むように手がけてください。
・5分以内で完了してしまったら、他の片づけもしましょう。

5分やって、5分経ったらきっちりやめる。そうして決めた時間だけ行動するようにして、片づけに取り組んでみてください。くれぐれも、5分で終らせて戻ってきてくださいね。まだまだあなたにお伝えしたいことが、たくさんありますので……。

いかがだったでしょうか?

「5分」という時間を区切ってやってみることで、何か気づいたことはありませんでしたか?

時間を区切って行動すると、「その時間内に自分ができる範囲」が見えてくるようになります。5分というわずかな時間なので中途半端になってしまったとしても、あまり気にしないでください。ここで大切なことは、やり切るということではなく、「決めた時間の中でどれだけのことができるのか」という、自分の〝片づける力〟を知ることです。ある時間の枠の中でどれだけのことができるのかを、自分で客観的に理解できると、そのあとが動きやすくなります。

そうやって小さな時間で区切って行動する習慣が身についていったら、応用編として「平行時間」を使うことを考えてみましょう。平行時間とは「一つの行為の中に、関連する別の行為を組み込む」時間の使い方です。簡単に言うと、「ながら作業」で、「片づける時間がない」と思っている人には特におすすめです。

バスタイムに身体を洗いながら、浴槽や壁の一部も掃除したり、料理をしながら少しの空き時間で、使った調理器具や器をすぐに洗うようにしたり、家に帰ってきて靴を脱ぐタイミングで、玄関のすべての靴を揃えたりなど……。何かをしているところに「片づけをする」という行為を組み込むと、わざわざ時間を設ける手間も省けるので、ラクな気持ちで時間を活かせます。

ポイント③ やる気がないまま行動する

「そもそも、片づける気力が湧かないのです……」というように、「やる気が起きないから片づけができない」と思い込んでいる方が少なくありません。片づけに限らず、受験勉強や仕事など、あらゆるシーンで「やる気」と「行動」はセットだと思い込んでいることが多いものです。やる気があると行動できて、やる気がないと行動できない……、果たして本当にそうなのでしょうか？

ここをほとんどの人が勘違いをしているのですが、実は順番が逆なのです。「やる気があるから行動できる」のではなく、「行動するからやる気が出る」――つまり、行動にやる気はまったく必要ないのです。

これは精神科医のクレペリンが発見した「作業興奮」という心のしくみです。人は身体を動かすことで「ドーパミン」という脳内ホルモンが分泌されて、それが〝やる気スイッチ〟となって、行動をどんどん促します。ですから、ある意味とても単純なのですが、行動を加速させるためには、「まず行動を始める」ことが大切なのです。

近々皆さんに「どうしてもやる気が起きない」というようなことが起これば、試しに何も考えずに行動してみてください。やる気を出そうとする必要はありません。やる気がないまま行動するのです。イヤイヤでいいので、とりあえずやってみる。

やる気がないまま、とりあえず洗い物をしてみたり。やる気がないまま、とりあえず掃除機をかけてみたり。やる気がないまま、ため息をつきながらでもいいので、洗濯物を畳んでみたり。実験感覚でいいので、とりあえずやってみましょう。

そうすると、いかがですか？

「やる気はないけど具体的な作業は進んでいる」ということを実感できると思います。そして、さらに作業を進めると、なぜか次第にやる気が出てきて、行動もどんどん加速していくのを実感できるはずです。

人間の感情には必ず波があり、心の状態を常に安定的に保つことは、どんな人でも困難なことです。特に女性は、男性に比べて感情の起伏が激しい傾向があるからこそ、不安定な感情を起点にして行動するのは、無理があることなのです。

これからはぜひ、やる気がないと感じるときほど、行動してみてください。重い腰を上げるのに、複雑なテクニックはいりません。

もし、これを読んで納得ができなかったとしても、「納得できないまま」行動してみてください。納得できなくても、作業はきっと進んでしまいますよ。

▼実践者の感想▲

時間も気力もないわたしが、なぜか片づけるように

……………40代後半　契約社員　ちずこさん（仮名）

わたしは共働きで、仕事に家事に育児にと毎日忙しく、時間も気力もないと感じながら、ずっと片づかない状態が続いていました。それでもなんとかがんばろうと思っていたときに、伊藤先生のブログを発見。

書かれている内容が、今までに聞いたことがない発想のお話ばかりで〝目からウロコ〟状態。思い切って相談を申し込みました。

「時間がなくても、やる気がなくても、片づけはできますよ。今からでもできるので、試してみますか？」と先生。

「今、電話しながらでいいので、部屋を見渡してみてください。どこか片づけができそうなところはありますか？」と言われて見渡してみると、服が脱ぎ散らかしっぱ

なしになっていたり、テーブルの上にお惣菜の空パックが置きっぱなしになっていたりと、いくつかすぐに目につくものがありました。

「では、このまま電話はつなぎっぱなしでいいので、電話を置いて5分くらい、簡単にできる範囲で片づけを行なってみてください。電話越しに待っていますので、5分経ったら戻ってきてください」

先生に指示された通りに、5分だけ片づけに取り組んでみることにしました。

まずは目についた衣服。洗濯機に入れるものは持っていって、畳んでしまうものはタンスに。そして、テーブルの上にあった空パックを捨てて……と、一つひとつ片づけたり捨てたりしていると、そこからどんどん広がっていって、気がつけば夢中で片づけをしている自分がいました。時間はなんと30分！

電話がつながったままだということを思い出して、慌てて戻ると、「思った以上に、片づけが進んでいたのですね」と先生（笑）。

時間がないとか、やる気がないとか思っていても、少しの時間でも行動すれば、そこから物事が動き出していくということが理解できた、貴重な体験でした。

第3章 リバウンドを活かす「片づけメンタル」の育て方

リバウンドは「敵」ではなくて「味方」です

人間は変化を拒む生き物

片づけても片づけても、そのうちにまた散らかってしまう……「リバウンド」ですよね。これも、皆さんの誰もが、一度は経験している悩みのはずです。

たしかにリバウンドと聞くと、一般的にはあまりよくないイメージがあるかもしれません。しかし、この嫌われ者の「リバウンド」をむしろ活かせば、ずっと抱えてきた悩みに終止符を打つことができるとしたら、あなたはどうしますか？

多くの場合、「いかにリバウンドしないようにするのか」を考えがちなのですが、リバウンドの性質を正しく理解して、それを活かせるようになると、リバウンドが敵ではなく味方となって、うまく作用するようになっていきます。ですからまずは、リバウンドの性質を簡単に見ていきましょう。

リバウンドとは「一定の基準に戻る引き戻し作用」です。実はこの作用自体、「恒常性」と呼ばれる、人間に本来備わっている性質によるものなのです。

　人間には元来、変化を拒む性質があります。今の自分から変化するということは、「死」と同じである――そのように本能的にインプットされているのです。だからこそ、今のままでいようとする「恒常性」が常に働くので、変わろうと思っても、元の自分に戻っていくような「引き戻し作用」が生まれるのです。

●リバウンドは自然なこと

　このようにリバウンドは、人間に本来備わっている自然な作用であるからこそ、リバウンドをしないようにするのは、実は不自然なことなのです。この点を理解した上で「引き戻し作用」を効果的に活かしていく方向に考え方を変えていくと、敵だと思っていたリバウンドが、味方になるような現象が起こります。英雄も、戦いに旅立って勝利をしたあとに、それを祝福してくれるような「戻る場所」があるからこそハッピーエンドでいられるように、あらゆる物事も「一定の戻る基準」があるからこそ、すべてが丸く収まるのです。リバウンドに対するこれまでの悪いイメージを取り払い、今日からは「活かす発想」に切り替えていきましょう。

絶対にリバウンドしない「片づけメンタル」を育てる3つのポイント

リバウンドを制する者が、片づけを制する

絶対にリバウンドをしなくなる唯一の方法は、リバウンドという作用自体を活かすことを考えること。そのためには、大切な3つのポイントがあります。

一つめが「リバウンドはしていい」と捉え直すこと。
そして「基準を変える」ということ。
最後が「変えた基準に沿って小さく行動する」ということ。

この3つのポイントを意識していくことで、これまでは〝悩みのタネ〟であったリバウンドが、逆に〝ブレない自分〟〝自信ある自分〟をつくるためのいちばんの味方となってくれます。

わたしは学生時代、バスケットボールをしていたのですが、プレーにまつわる格言に「リバウンドを制する者が、試合を制する」というものがありました。これに倣って言えば、「リバウンドを制する者が、片づけを制する」「リバウンドを制する者が、人生を制する」ということになるのです。

これから皆さんに意識していただきたいのは、リバウンドという作用を自分でコントロールしていくことです。これができるようになると、自己管理能力が飛躍的に高まります。

片づかなくなる状況を引き起こしてしまう原因としては、自分で自分の管理ができない心理状態になっていることが多いものです。

生きていれば、人生の中でさまざまなことが起こります。自分の想像の範囲を超えた出来事が起こったときに、人は「パニック状態」になります。パニックと聞くと極端な表現のように思えるのですが、急な予定が入ったり、いきなり何かを頼まれたり、事故などで公共交通機関が動かなくなったりなど、実は「小さなパニック状態」であれば、日常生活で当たり前のように毎日起こっているのです。

「想定外の出来事はいつでも起こりうる」ということをあらかじめ意識できている

と、ゆとりと柔軟性を持った過ごし方ができます。そうした心の持ちようが、自分をうまくコントロールするための第一歩となります。

ポイント① リバウンドはしていい

これまでは「悪」と捉えがちだったリバウンド。それを活かしていくためにも、リバウンドの本質を理解しながら、「どんな状態に自分は戻ろうとするのか?」を明確にしていくことが大切です。


片づけができない人は、「片づいていない状態」にいつも戻ろうとします。

片づけができる人は、「片づいている状態」にいつも戻ろうとします。


おわかりですよね。

問題はリバウンドにあるのではなく、「戻る基準にある」ということ。どっちの状態に「リバウンド」するのか、それが問題なのです。

ここで、今のあなたのリバウンド傾向を客観的に把握するために、「リバウンド・

チェックシート」をやってみましょう。各項目の基準は「片づけができる人」ですので、ここに自分の基準を合わせていくと、よいリバウンドができるはずです。

●リバウンド・チェックシートで見る自己分析

それではさっそく、自分が「いつもどんな基準に戻っているのか」を把握していくために、チェックシートの項目の当てはまる箇所に印をつけていきましょう。①〜④のシートはすべて、チェックの数が多いほど、よいリバウンドの基準が備わっているということになります。

基準を変えていくために大切なのは、今の自分を出発点にして発想や行動をするのではなく、よりよい基準に合わせて発想や行動をしていくことです。物事がうまくいかない原因も、うまくいく方法がわからないからではなく、うまくいかない考え方の基準のまま発想したり、行動をしているからです。

「片づいている状態」に向けてリバウンドを活かしていくためにも、「よりよい基準」をどんどん採用していきましょう。そのための一つの参考として、リバウンド・チェックシートを活用してみてください。

リバウンド・チェックシート①「判断基準」

□外食のとき、メニューは悩むことなくすぐに決める。
□自分で決めたことは、あとで他人に指摘されても、少々のことでは覆さない。
□特売やタイムセールを気にすることなく、必要なものだけを買う。
□先延ばしにせずに、今日できることは今日やり切る。
□何か誘いがあったら、必ず予定と自分の状態を考慮して無理のない返事をする。
□できないことはハッキリと断る。
□何が好きで、何が嫌いかを日頃から口にしている。
□プロセスよりも、結果を重視して判断する。
□他人に誘われた予定よりも、自分で決めた予定を優先する。
□家で家族とともに過ごす時間は、何よりも価値がある。
□決断は直感だけに頼らず、今、自分が冷静な状態にあるかを考慮して行なう。
□自分のリズムが崩れることがあれば、それを戻すことを優先する。

リバウンド・チェックシート②「習慣」

- □毎日決まった時間に起きる。
- □朝はゆっくりと過ごして、ゆとりを持ってスタートする。
- □待ち合わせの際は、必ず早めに行って、先に待っているようにする。
- □睡眠は最も大切なもので、削ることは考えない。
- □残業はしないように、時間内に仕事は終わらせる。
- □毎日の中で、決まって行なうことがある。
- □掃除はこまめにするので、一気に大掃除をすることはない。
- □1日の中で、自分だけの時間を持つようにしている。
- □カバンにはものを乱雑に詰め込まない。
- □買い物に行くときは、必ず冷蔵庫の中身をチェックしてから出る。
- □バスタイムは必ず湯船につかるようにしている。
- □ヨガや料理教室など、自分が楽しめる習い事を継続的に行なっている。

リバウンド・チェックシート③「言動」

□嬉しいことや、よかったことなど、前向きな発言を口にすることが多い。
□「時間にゆとりがある」という言葉をよく口にする。
□「すみません」よりも、「ありがとう」と言う機会のほうが多い。
□不慮の出来事も「なぜ？」と悩むより、「どうすればいいか？」と考える。
□友人とは、愚痴や悪口よりも、楽しいことや遊びの話題をするほうが多い。
□「はい！」という元気のよい返事は大切だと思う。
□挨拶は必ず自分から行なうようにしている。
□褒められるよりも、褒めるほうが好きだ。
□「でも」という言葉を使うことはない。
□自分に対して「できる」「大丈夫」と言い聞かせることが多い。
□ハッキリと発声するほうだ。
□「ごめんなさい」と素直に謝ることができる。

リバウンド・チェックシート④「行動」

□頭で考えるより、まずはやってみることを大切にしている。
□行動しながら修正をしていくタイプだ。
□やると決めたらすぐに行動に移す。
□人生において健康管理は重要なことである。
□定期的に外に出て気分転換をすることを心がけている。
□ダラダラとネットサーフィンなどをすることはない。
□思いつきではなく、順序立てて行動するようにしている。
□直感でものを買うことはあるが、衝動的にものを買うことはない。
□家族で旅行など年間の行動計画を立てるようにしている。
□頭で記憶するよりも、必ず手帳などに記録をして予定を把握する。
□急の頼まれごとにも対応できるよう、自分にゆとりを持つことを心がけている。
□何かをするときには事前準備に時間をかける。

常に「自分が戻る基準」をチェックし続けましょう

チェックシート、いかがでしたか？

こうして自分の基準を見つめ直していく作業を繰り返すことが、発展的な状況を生み出していくための基盤となっていきます。

具体的な結果を生み出していくときには特にですが、「何をするのか？」よりも、「今、自分は何を目的に行動しようとしているのか？」を先に考えることが大切。これは片づけにも通じることですが、片づけができない人は、「片づけをすること」が目的となって行動を繰り返しているケースが少なくありません。

しかし、片づけができる人の発想では、「片づけをしよう」とそもそも思わないのですね。片づけは日常の当たり前の動作であり、片づけは目的ではなく「プロセス」なのです。お花を飾ったり観葉植物を飾ったり、好きなインテリアをしつらえたりと、自分が気持ちよく過ごすための「プロセス」として片づけがあるのです。

こうして「そもそもの考え方の前提の違い」から見ていかないと、一瞬の片づけはできたとしても、結局は考え方が変わっていないので、元の自分に戻ってしまうのです。

「片づけるために、片づけをする」――この言葉を聞くと、誰もが違和感を抱くとは思います。しかし、「片づけができない」と悩んでいる多くの方は、このように言葉で表現すると違和感がある行動を、まさにやってしまっているからこそ、最初の一歩が踏み出せないでいるのです。

片づけを日常の習慣にして、悪いリバウンドのない状態を定着させるためには、片づけることではなく、「自分が心地よく過ごすこと」を目的として、「その方法の一つとして片づけがある」という位置づけに変えていくことが大切です。

そうやって「自分が心地よく過ごすこと」が目的の基準になると、「常にその目的の基準に戻る」という、いいリバウンド作用が起こるようになります。

リバウンドが悪なのではなく、「戻る基準に問題がある」――この考え方をさまざまなことに当てはめていきながら、常に自分の状態をチェックすることを心がけていきましょう。現状を変えていくために大切なのは、いきなり何かを始めることではなく、「現状を正確に把握する」ことです。

リバウンドを肯定しながら、一つひとつのチェック項目を改めて見直してみて、次項以降も読み進めてみてください。先の4つのチェックリストは一度見て終わりではなく、何度も見て自分に落とし込む――これも、うまくいく人の習慣の一つです。

ポイント② 基準を変える

現状を把握することができたら次に、基準を変えていくことに取り組んでいきましょう。

今の自分の「悪いリバウンドの基準」から、新たに取り入れたい「よいリバウンドの基準」に切り替えて、それが当たり前になるように取り組んでいきましょう。

先ほど行なっていただいたチェックシートの基準とポイント①までの内容を参考にしながら、行動を少しだけでも変えていくことを、この機会にぜひ心がけてみてください。さらに、あなたが目指したいと思うような「モデルとなる人」も参考にしていくと、いいリバウンド作用がさらに活きるようになります。

あなたの周りにいる尊敬できる人、知り合いの素敵な人、もちろん有名人などの憧れの存在でもかまいません。素敵だなと思う人の表面的な部分ではなく、チェックシートの項目の「判断基準」「習慣」「言動」「行動」に着目して、観察してみるようにするのです。

こうして角度を変えて、意識しながら人と関わることによって、これまで関わってきた人に対して見方が変わるようになり、同じ人から違う気づきを得られるようになります。

「こういうときは、こう判断するんだ」「いつもこんな習慣を大切にしているんだ」「人と関わるときに、こんな言葉がけが多いなあ」「こういった行動パターンをとっているんだ」というように、意識せずに漠然と関わっていたときには見えなかった、「その人はなぜうまくいっているのか」の秘密が垣間見られるようになるのです。

尊敬できる人が「どういった基準の考え方を持っているのか」ということを意識して毎日を過ごすだけで、アンテナが変わります。これまで取り込んでいた不要な情報を必然的に遮断することにもなり、自分を具体的に改善していくための情報にアンテナが立つようになります。副産物として、それ以外の気づきにつながる情報が自分のもとへやってくるようにもなります。

あなたが大切にしたい基準をより明確にしていくためにも、次からのワークに取り組んでみてください。

新たな基準を自分に定めるワーク

それでは今から、よりよい自分の基準を定めていくためのワークを行なっていきましょう。方法は簡単。それぞれの質問に答えていくだけです。楽しく発想をしながら、できる限り自分で調べて、回答を記入してみてください。

▼あなたが素敵だと感じる人は、いつも何を食べていますか？

例 野菜を中心とした、バランスのよい和食

▼あなたが素敵だと感じる人は、いつもどんな場所に行っていますか？

例 こだわりの茶葉で淹れる紅茶を楽しめるカフェ

▼あなたが素敵だと感じる人は、どんな時間を大切にしていますか？

例　家族と一緒に食事を楽しむ時間

▼あなたが素敵だと感じる人は、どんな人たちと過ごす時間が多いですか？

例　人の悪口を言わないで、人を褒めている人との時間

▼あなたが素敵だと感じる人は、どんな空間を大切にしていますか？

例　人とゆっくり会話ができる空間

基準を変えるために、いろんな角度から捉えていきましょう

ワークはいかがでしたか？

記憶を辿って書いていただくのもよいのですが、可能なら、直接質問をしてみるといいでしょう。その人にとっては当たり前にやっていることなので、あなたが素敵だと思う人自身も、自分で気づかずに自然に行なっていることも多くあるのです。

だからこそ、あなたが直接質問できるのであれば、遠慮なく聞いてみることで、その人から新たな情報や気づきを引き出すきっかけにもなります。素敵だなと思う人はどんどん参考にして、引き出せるものはどんどん引き出していきましょう。

そうすると、今までの自分では接することのなかった情報を得るきっかけが生まれ、あなたの成長も加速度的に進むこととなり、魅力的な人はさらに魅力的になっていきます。今、基準を変えているわけではありませんが、こうして基準を変えるために、「発想」を切り替えて物事を見るようになるだけでも、いつもより前向きで楽しい感覚になるはずです。

その感覚を大切にしながら、次に、実際に行動を切り替えていくようにしましょう！

ポイント③　変えた基準に沿って小さく行動をする

これから、新たに定めた基準を定着化させていく「行動」を見つめていきましょう。新たな基準を取り入れていくためには、いきなり大きく変えていくことを考えるのではなく、小さく小さく、確実に、自分の中に繰り返し落とし込んでいくことが大切です。

そして「やりたいこと」ではなく、「今の自分でもできそうなこと」から取り組んでいくことが重要。「やりたい」と思う気持ちは大切なのですが、それが必ずしも「できること」とは一致しません。むしろ「やりたい」と思うことは、「自分にはできないこと」を心理的に選びやすいものなので、あえてそれは避けて、今の自分ができることから一歩一歩進んでいきましょう。

まずは、観察してみた素敵な人の習慣や、リバウンド・チェックシートを見ながら、今すぐに取り入れられそうなことを「一つだけ」選んでください。そして、最初の一歩はその一つだけを確実にこなすことを徹底します。

「一点突破」という言葉がありますが、そのたった一つの変化が、あなたの人生を大きく変えることになります。

●小さく行動を変えるための21日間チェックシート

それでは今から、たった一つのことを自分の中に落とし込んでいくための実践期間を決めていきましょう。

習慣は「21日間続けると定着する」と言われています。ですから手はじめに、たった一つのことを21日間途切れずに毎日続けていくために、「21日間チェックシート」を利用してみてください。

やることは単純です。毎日決めた行動をしたら、1日の最後にチェックする。目に見える形で「やったこと」を確認して、ひと言だけ明日の自分に向けて言葉を書いてみてください。些細なことですが、自分で自分に勇気づけしていくだけで、気持ちに大きな違いが生まれます。

たった一つのことを21日間続けていく――それも、「今の自分がすぐに取り組めることから始めていく」ことを忘れずに、小さな行動を毎日続ける習慣を身につけていきましょう。

21日間チェックシート

1日目　毎朝5時に起床！	2日目　毎朝5時に起床！	3日目
1日目は強く意識できた。この気持ちを明日も忘れない。	早めに寝るようにした。起きるのがラクになったので、明日は朝食と洗濯の準備をしてから寝よう。	
4日目	5日目	6日目
7日目	8日目	9日目
10日目	11日目	12日目
13日目	14日目	15日目
16日目	17日目	18日目
19日目	20日目	21日目

リバウンドをあらゆるシーンで活かしましょう

「痩せてもまた太る」と「太ってもまた痩せる」

リバウンドという作用自体は悪いものではなく、むしろ活かしていけるもの——そういった意識に切り替えられれば、今度はあらゆるシーンで活用していくことができます。

例えばダイエットもそう。痩せようとするのではなく、痩せている人の基準に合わせて考え方や行動を変えてみるようにする——単純に「体重を減らす」と考えることが、「悪いリバウンド」を引き起こす原因になります。「よいリバウンド」に切り替える意識とは、「痩せてもまた太る」ではなく、「太ってもまた痩せる」という感覚です。

このように、あらゆるシーンでリバウンドを活かすことを考えていくと、これまでの自分の生活のすべてが楽しく変化するようになっていくので、リバウンドを活かすことが楽しくなってくるはずです。

「家に戻る」という行動にリバウンドの本質がある

こうしたリバウンドの本質を現実的に表しているものが、「家」（部屋）だと思ってみてください。家（部屋）は生活の基盤であり、人生の基盤といってよいほど、多くの時間を過ごす場所です。

その基盤といえる場所が常に荒れた状態にあれば、なんらかの心理的影響があるということは、容易に想像できるのではないでしょうか。

家（部屋）が荒れた状態だと、「そこに戻りたい」という気持ちがなくなっていくものです。すると生活の基準の意識が「外」に向いてしまいます。何をするにもすべて「外」で済ませるようになり、家（部屋）は本当に「寝るだけの場所」、地に足がつかないような感覚で、常に外で問題解決をするようになるのです。

家（部屋）が基準となって、そこに戻る意識が常にあるのか。「外」が基準となって、外に出ることに常に意識が向いてしまうのか――この基準の違いは、自分の生活だけでなく、家族にも大きな影響を及ぼすようになります。

以前あるテレビ番組で、犯罪者に唯一共通している事柄が判明したというアメリカの調査結果を見たことがあるのですが、その事柄というのが「部屋が荒れている」でした。それを見て、わたしにはうなずけるものがあったのですが、やはり部屋の状態は、「心の秩序の乱れ」に関わってくるものなのです。

実際、わたしが部屋を見つめていこうと意識したのも、前職で引っ越し関連の運搬業の仕事をしていたとき。ある日、立て続けに離婚家庭の引っ越しに携わることがあり、そのすべての部屋が〝荒れに荒れて〟いるのを見たのがきっかけでした。

部屋は心の状態を表しているからこそ、それを放っておくことが、自分の心の乱れを放っておく習慣につながっていき、さらに悪い方向へと流れていくケースが少なくありません。

そういったことを感じているからこそ、わたしは、関わらせていただける方々に、問題解決を外へ外へと求める意識から、内へ内へと戻るような形での心理サポートをさせていただいています。そうやって部屋を通して心を見つめていきながら、自分の生活の基盤である家（部屋）こそを大切に思えるようになったときに、物事がどんどん好転していく方たちをたくさん見てきました。

離婚の危機にあった人が、部屋に向き合い、相手ともちゃんと向き合うことで、結果的に以前よりもお互いを深く知ることになり、関係性が深まるようになったり。

大きな夢を叶えようと一所懸命だけど、ずっと空回りをしていたような人が、部屋を通して心に向き合っていくことで、漠然と何かを追い求めるのをやめ、目の前の仕事に丁寧に取り組むようになり、叶えたかった夢が自然な形で実現するようになったり。

その理由は、自分の家（部屋）を大切にすることによって、「自分の心」を大切に感じるようになり、「自分の心に素直になる」ということが「生き方の基準」となって、「自分の心」を大切にした基準に戻ることが確立されていったからに他ならないと思うのです。

部屋の気持ちになって考えてみましょう

「戻る場所がある」ことが、人の心を強くします

家（部屋）という名の「戻る場所」は、当たり前にあるような感覚だからこそ、「大切にする」ということが見落とされやすい場所です。「そんな場所こそを大切にしていく」という基準ができることが、人の心を強くすることにつながっていく――そうわたしは信じているからこそ、「何かあったとしても家にリバウンドする」というような感覚で、自分が住む場所から大切なことを行なっていただければと思っています。

家（部屋）は「綺麗にする」のではなく、「大切にする」のです。

極論を言えば、「この家（部屋）を、わたしは大切にできているだろうか？」という〝たった一つの問いかけ〟を続けていくだけで、「部屋を大切にする」という意識が根づくので、「週末は少し掃除しようかな」「最近バタバタして、部屋のことを大切

にできていなかったな」「家族みんなで協力して掃除するようにしたら、もっと部屋を大切にできるかもしれないな」というように、部屋のことについて考える時間が自然と増えていくことによって、自ずと片づける行動に移す機会が増えていくものです。本当に必要なことは知識やノウハウではなく、あなたが部屋のことを思いやる気持ちだけです。

そしてそれは、部屋のことを思っているようで、「自分の心を思いやる」ということにも、結果的にはつながっていきます。誰に気を遣うこともなく、「自分が自分でいられる場所」を持つことが、生きる上での本質的な強さにもつながると思いながら、あなたがいつも戻る場所こそを人生の基盤として、これから意識を変えて捉えるようにしてみてください。

部屋は汚くない

部屋が片づかない人の多くは、「部屋が汚い」という表現をされます。わたしは、その言葉を聞くたびに、切ない気持ちになります。

なぜなら「部屋は決して汚くない」からです。

たとえ埋め尽くされるように部屋がものに溢れていていても、埃まみれになっていたとしても、「部屋が汚い」のではありません。「汚いと感じるような状態になっている」だけ。部屋は何も悪くないし、住んでいる人が、そうなるようにしてしまっただけなのです。

部屋は、あなたに何も訴えることはできません。そして、何も言わずにいつでもあなたを受け入れてくれています。

楽しいときや喜びに溢れているようなときだけでなく、つらいときや悲しいとき、涙が止まらないときもです。腹が立ったときに壁を殴ってしまっても、何も言わずにグッと堪えて、何事もなかったかのように、また、あなたの帰りを待っています。いつでも、どんなときでも、あなたのことをそばでそっと見守ってくれて、いつもあなたに寄り添ってくれている存在なのです。

そんな存在を、「部屋が汚い」というひと言で捉えてしまうのは、あまりにも切ないと思いませんか?

この章の最後に、自分基準としていた考え方から、「部屋の立場になる」という基準に考え方を変え、少し部屋の気持ちについて考えるようにしてみましょう。部屋にも心があると捉え、ずっとそばにいてくれている存在の気持ちを、あなたなりに考えてみるのです。

きっとあなたの心は、優しく穏やかになると思います。そしてそこから、何かが変わっていくかもしれません。これまでの人生にずっと寄り添ってくれていた部屋に感謝の気持ちを持って、今から少し部屋の気持ちに寄り添ってみる時間をつくっていきましょう。

▼あなたの部屋は、あなたのことをどう思っていると思いますか？

例　いつも忙しくがんばっているけど、たまには自分の時間も大切にね。

▼あなたが何をすると、部屋は喜ぶと思いますか？

例 できないと言い訳せず、できるところから片づける。

いかがでしたか？

自ずと自分が為すべき行動も、見えてくると思います。

部屋の気持ちを考えて、部屋と仲良くなっていく——そんな感覚で、部屋が喜ぶようなことをしようと考えていくと、自然と住みやすい部屋になり、あなたの心にもゆとりができて、より豊かな生活ができるようになるでしょう。

第4章

片づけができない自分を変える「片づけメンタル・コミュニケーション」

コミュニケーションのパターンを変えると、自然と片づくようになる

人間関係がうまくいかないと……

片づけをするためには、片づける方法を知ることが大切——一般的には、このように考えていくのが当たり前だとは思いますが、実は実際に片づけに取り組むこと以上に、自分のコミュニケーションのパターンを変えることが大切です。

実は物理的な環境を変えるためには、心理的な内面の自分を見つめ直していくことのほうが、結果的に現実を大きく変える近道になるもの。自分の心の癖を見つめ直して、自分のコミュニケーションのパターンを変えていくことが、不必要なものを背負わない自分を形成していくことにつながっていきます。

人生は、人との関わりによって成り立ちます。そして「コミュニケーション」は、生きていく上で必要不可欠なものですが、「コミュニケーションを取る」ということは、とても難しいことでもあります。実際、家庭や仕事、プライベートなど、あらゆ

る場面で問題が起きるいちばんの原因は、人間関係なのではないでしょうか。

人間関係がうまくいっていないときほど、気持ちがどんどん内向的になっていくので、それに呼応して、部屋も片づかなくなっていきます。

何かものを取り入れたくなる衝動が起きるのは、得してストレスを大きく抱えたとき。そのストレスの原因は、コミュニケーションのズレからもたらされます。そうやって気持ちが「動けない状態」になっているとき、人は自己嫌悪に陥りやすく、「自分にはできない」と、どんどん自分をネガティブな方向へと追い立ててしまいます。

そんなときに周囲からも、「なんでこんな簡単なこともできないんだ！」などと言われようものなら、さらに自分を責めるスピードが加速して、行動がさらに億劫になっていくのです。

「できない自分」や「自信がない自分」を変えるには、コミュニケーションのパターンを変えていくことが大切です。今は片づけができない状態でも、片づけより先にコミュニケーションのパターンを切り替えていくことで、気がつけば自然と片づくようになる人は、かなりの数いらっしゃいますので、あなたのコミュニケーションを、改めて見つめ直してみましょう。

あなたのコミュニケーションパターンをひもとく心理テスト

それでは、現状のコミュニケーションのパターンを知るために、簡単な心理テストを行なってみましょう。A～Cの各項目を順番にチェックしてみてください。

A、B、Cのうち、チェック数がいちばん多かったのは、どれでしょうか。

自分のコミュニケーションのパターンを客観的に把握することによって、自分の心の癖に気づけるようになっていきます。その積み重ねが、よりよい人間関係を築いていくためにも大切なポイントとなります。

また、心理テストはそのときそのときの心理状況で結果が変わるものですから、「今」の自分を知るための参考材料として捉えてください。今回の結果がずっと続くわけではなく、経験や成長によっても、心は常に変動していくものです。今回の結果は現状を示すものと捉えて、2～3カ月に1回くらいのペースで定期的に行なってみると、自分の変化を感じることができるのでおすすめです。

ではさっそく、テストを始めましょう。

A項目

□頼まれたことは、ついつい何でもOKしてしまう。
□テーブルの上にものが多い。
□本棚に収めきれない量の本がある。
□人がよいと言っているものはすぐに取り入れる。
□脱いだ服をそのままにすることが多い。
□黒などの落ち着いた色の服が好きだ。
□自分がやりたいことよりも、相手が望むことを優先する。
□人からもらったものを捨てるのは不義理だと感じる。
□外は綺麗にするけれど、収納の中身はかなり乱雑だ。
□他人の顔色をうかがいながら意思決定をすることが多い。
□困っている人を見たら、真っ先に助けたくなる。
□人が喜んでいる姿を見ているのが自分の幸せだ。

B項目

□汚れは完璧に除かないと気が済まない。
□所定の位置にあるはずのものが少しでもズレていると気になる。
□いきなり頼みごとをしてくる人は失礼だと思う。
□片づけを始めたら納得いくまで完璧にやる。
□決めた時間に遅れることは許せない。
□決めた約束はしっかりと守る。
□物事の結果はすべて準備で決まると思う。
□決められたことをすばやくこなすことが得意だ。
□玄関は常に綺麗である。
□頼まれたことを安請け合いはしない。
□毎日同じ時間に起きるようにしている。
□ハッキリとしない人を見ているとイライラする。

C項目

□人がよいと言ったものは手に入れたくなる。
□友人と食事に出かけるとき「どこでもいい」と答えることが多い。
□把握できていないものが部屋に多い。
□時間が空いていれば、誘われると勢いですぐに行動する。
□冷蔵庫に賞味期限切れのものが多い。
□同じようなものがあれば「安いほう」を選ぶ。
□どちらかというと一人でいるほうが好きだ。
□時間ギリギリに出かけることが多い。
□好きなものよりも、お得なものに囲まれている。
□1年以内で洗面所を掃除した記憶がない。
□パソコンのデスクトップはアイコンだらけだ。
□書類やレシート、領収書がいつも溜まって整理がつかない。

〈A項目のチェック数が多い人〉取り越し苦労が多く、過去に囚われやすい汚部屋タイプ

A項目のチェック数がいちばん多かったあなたは、人に対する思いやりがあり、人間関係は良好ですが、実は人と関わることを少し億劫に感じている部分があるのではないでしょうか。

人に合わせるのが上手だからこそ、他人に合わせすぎることで自分がつらくなることが多くなりやすいのがこのタイプ。実は、いちばん部屋が片づかなくなるのが、このタイプの人でもあります。

人に合わせるのが上手な反面、深層心理では、根本的に周りの意見よりも自分の考えのほうが正しいと思っている傾向があります。このタイプの人は一見、自信がないように見える人も多いのですが、それは自信がないのでなく、うまくいかない自分の考え方に執着していることからきていることが多いものです。また、人当たりがよくて、人づき合いが上手に見えるようでいて、意外と頑固で譲らない〝確固たる自分〟を持っています。

人の話を聞くことができる反面、自分の中での強い価値観があるため、過去に囚わ

れることが多くなりがち。また、過去の経験から未来を想定することが多く、余計な取り越し苦労が増えることで、本来必要がないものまで取り入れてしまうこともしばしば。どちらかというと本音よりも建前を重視しやすいので、本心とは真逆の行動をとりやすくもなっていきます。

Aタイプの人は、自分のことを客観的に見ることができず、コミュニケーションで損をすることが多くなりやすい傾向があります。また、本心を隠してしまうために、相手に誤解され、本来自分が望まないことを頼まれたり、本当はつき合いたくないような人とも〝社交辞令的な〟感覚で予定を合わせたりしてしまうことも。

自分の価値観と合わない人とも、その場では合わせることができるのですが、帰ってからドッと疲れが出て、何もやる気が起きなくなることがしばしばあるのではないでしょうか。

Aタイプの人が最初に行なうべきことは、大自然の中でゆっくりと流れる時間を味わったり、見たかった映画のDVDをリラックスして観賞したり、自分が好きなことをやるための予定を立てたりなど、「自分とのコミュニケーションを取る」ことを優先することです。人に合わせやすいからこそ、自分の心がおざなりになって自分が見えなくなることが、ものに溢れた部屋の状態に表現されることが多いので、「本当はどうしたいのか？」という本音の部分こそを大切にするコミュニケーションを意識してみましょう。

〈B項目のチェック数が多い人〉自己主張が強く、わが道をゆく綺麗好きタイプ

B項目のチェック数が多い人は、片づけにそれほど困ってはいないのではないでしょうか。片づかないと言っても、〝本当に片づかない人〟からすると、綺麗にできているレベルにあることが多いものです。

このタイプの人は、「自分」を持っているが故に、他人と折り合いがつかなくなることが多くなりがち。価値観が明確であることは大切ですが、人間関係においては衝突する機会がいちばん多くなるのがBタイプの人です。

「こうあるべき」という思いが強いため、その枠から外れた人を見るとイライラして、相手の欠点を指摘してしまうことで、人間関係がギクシャクすることも。素直で正直なところがよさでもあるのですが、悪気なくそれをストレートに表現するあまりに、他人への配慮に少し欠けた言動で、相手を傷つけてしまうケースも少なくありま

せん。

Ｂタイプの人は、自分の価値観が強く出すぎることで自己主張が優位に立ち、いったん相手のことを受け止めるということができず、深く相手と関わることができないコミュニケーションを無意識に行なってしまいがちです。さらに、「自分の常識の枠」の中で物事を判断しやすいので、〝枠内思考〟となって、自分の幅を自分で狭めてしまうこともあります。

「善か悪か」「正解か間違いか」の極論で物事を判断しやすいことで、コミュニケーションでもバッサリと相手を切るような関わり方をしやすくなることを、客観的に意識できるとよいでしょう。

「自分がある」ということはとてもよいことなのですが、他者との関わりでそれを前面に押し出していくと、周りがどんどん萎縮して、結果的に自分にも不利益なことが生じることになります。自分の主張を通そうとする前に、他人の気持ちを配慮する意識を持つと、物事がこれまで以上に好転していきます。

Ｂタイプの人は、好き嫌いが自分の中でハッキリとしているぶん、物にあまり執着しないので、根本的には片づく思考を持っています。ただ、ハッキリしすぎる部分が強くなり、相手に求める気持ちが強くなると、人間関係がギクシャクしやすくなります。そうした人間関係の乱れがきっかけとなって、部屋が乱れていくこともありますので、「相手の気持ちに寄り添っているか？」を常に念頭に置きながら、コミュニケーションを取ることを意識してみましょう。

〈C項目のチェック数が多い人〉興味があれこれ移る、注意散漫・散らかり部屋タイプ

C項目のチェック数が多い人は、いろんなことに興味が湧いて好奇心が旺盛なところはよいのですが、反面、さまざまな情報に振り回されやすく、頭の中の整理がつかないまま毎日を過ごすことが多くなりがち。その「整理がつかない頭の中」を表したかのように、部屋の中も散らかってしまうことが多くなります。

友人の誘いにも、あまり考えずにふたつ返事で出かけてしまうようなことが多く、いろいろな場所に忙しく出かけることで、気がつけば自分の足元がおぼつかない状態になることも。交友関係は多い傾向にあるぶん、あれこれやりすぎて領収書や書類なども溜まりに溜まって整理できず、「とりあえず箱に詰めたまま」というようなことはないでしょうか。

Cタイプの人はいろんなことに手を出しすぎて、一つのことをやり切ることができず、人づき合いにおいても「広く浅く」という傾向が多いために、友だちは多くても、「本音を語り合える人」が意外と少ない傾向もあります。

スケジュールが空いていたら、空いたままでは落ち着かなくて、何かで埋めようとする傾向にあることが、〝忙しい自分〟を助長してしまういちばんのポイント。人の様子をうかがいながら会話を進めやすいので、いろいろと自発的に動いているように見えて、「本当の自分のペース」で落ち着いて何かをする機会が、実はあまりないのではないでしょうか。

このタイプの人は、コミュニケーションにおいても、「沈黙」だと落ち着かない感覚があり、何もしゃべらなくていい「間」があってもいいのに、何かしゃべらなければと思っていろいろとしゃべろうとすることで、落ち着く暇を自分に与えていない傾向にあります。

ですから、Cタイプの人は、反射的に相手のペースに合わせやすい性質を直していくためにも、「間を取る」ことを意識して、「意識してゆっくりと話す」癖をつけていくと、一つひとつの行動も落ち着いて行なえるようになって、自分のペースを大切にしやすくなります。

また、毎日の中で意識して深呼吸をしたり、ゆっくりとお風呂につかったりするなど、「心を整える時間」を持つようにすると、人に合わせたコミュニケーションパターンではなく、自分の考え方や想いを大切にした上で、「心のゆとり」を持てるようになっていきます。

「他人に合わせる」をやめて「自分に合わせる」を始めましょう

自分の気持ちを大切にして、自分の本音に正直に生きるということ。あなたは、今の自分を振り返ってみたときに、それができていると感じるでしょうか。生きる上で他人との関わりが避けて通れない以上、自分の想いに妥協しなければいけないことも数多く起こるかもしれません。

でも、そうして自分の本音を隠した上で、自分の本当の想いに妥協し続けていくことは、短期的にも、長期的にも、うまくいかなくなるサイクルを生み出す原因となるのです。

今から、少しの時間でいいので、自分の本音を感じていくようにしましょう。流れるように毎日を過ごしていくと、自分のことがいちばん盲点になりやすいもの。自分のことを考える時間を、あえて意識してつくることが、忘れかけていた「大切な何か」に気づくきっかけになるでしょう。

目を閉じて、心臓のあたりに手を当てて、鼓動を感じながら、自分の「心」を感じてみてください。

あなたは今、何を想っていますか?

本当のあなたは、どうしたいと思っているでしょうか?

生まれてから今日まで一度たりとも離れたことがない「もう一人のあなた」は、今のあなたにどんなことを語りかけているでしょうか?

どんなことでもいいので、感じるままに自分を味わってみてください。そうやってひとしきり自分を味わってみたら、感じたことをそのまま文字に書き出してみましょう。そして書き出したあなたの想いを、今一度、大切に感じてみてください。

例

- 何も考えずに、一人でボーッとしていたい。
- 趣味を思いっきり楽しみたい。
- 動物とふれ合う時間を持ちたい。

関係性を見直すことが、部屋の整理にもつながる

本音を伝えてくれる人

あなたはこれまで、「自分のことを本当に大切に思ってくれている」と感じる人に出会ってきたでしょうか。本当に大切に思ってくれている人とは、自分が嫌われることを気にせずに、本音を伝えてくれるような人です。

自分の本音をさらけ出しても、変わらずにつき合えるような人。そういった人がどれだけいるかを、改めて意識してみましょう。

「関係性を見直す」ことは、自分が大切にしたい価値観を改めて見直すことにつながっていきます。どんな人とつき合い、どんな人との時間を大切にしていくのかを、しっかりと自分で意識することで、社交辞令的なつき合いが自然と減るようになるので、その結果、自分の心にゆとりが生まれます。すると、自分のペースで過ごすこと

が増えていくので、部屋を片づける時間的なゆとりも生まれるようになります。

大切にしたい人を、大切にする。

「部屋が荒れている」ということを悪いイメージで捉える人は多いのですが、角度を変えてみると、それは「本当に大切にするべきものを見極めるチャンス」でもあります。自分に無理をせずに、あなたがあなたらしく生きていくための分岐点と考えて、人との関係性を見直すようにする――すると、どこか遠くの見知らぬ人の幸せを願う前に、あなたが本当に大切にしたいと思う人と過ごす時間を優先するようになり、関係性は広げていくことよりも、「深めていく」ことのほうが重要であると実感できるはずです。

あなたが本当に大切にしたい人を、本当に大切にしていくためにも、一度「大切にしたい人リスト」を書き出してみましょう。

例

- **家族（具体的な名前）**
- **恩師**

・心を許せる友人

書き出してみて、いかがでしたか？

「大切にしたい」という想いを込めて具体的に名前を書いてみることで、その人に対して優しい気持ちになれはしなかったでしょうか。身近な関係性ほど当たり前になりやすく、極端に言えば「雑な関わり方」をしやすいものです。

人は誰しも、初めて出会う人に対しては気配りをし、意識して丁寧に関わろうとするものです。でも、仲良くなって近く感じるようになればなるほど、関係性に対しての配慮が足りなくなってしまいます。

そこで今から、先ほど書き出した人との「出会った頃のエピソード」を改めて思い返し、文字にして書き出してみてください。

例

・夫……出会った頃はお互い夢に向かって一所懸命がんばっていた。
・娘……難産だったが、「オギャー！」という元気な産声を聞いて、お産の痛さもつらさも吹き飛んでしまった。
・友人…中学校の部活で、レギュラーを目指していつも互いを励まし合っていた。

いかがでしたか？

思い出してみると懐かしい気持ちになったり、何かしら考え直してみたいような意識が生まれたりしたのではないでしょうか。

ぜひ今日から、「出会った頃の感覚」を関係性の中に反映させてみましょう。そうすることで、また新しい発見が生まれ、自分が本当に大切にしたいことにも、より意識が向いていくようになるはずです。

自分がどんどんラクになるコミュニケーション　3つの法則

ここからは、あなたがもっとラクなコミュニケーションが取れるような、３つの法則をご紹介していきます。人に合わせて気を遣うコミュニケーションではなく、自ら働きかけ、主体性を持って関わっていくコミュニケーションの方法です。

ただし、これは「積極的に、元気に人と関わりましょう」というようなものではありません。先に「聞き上手」な人ほど、部屋が片づかない状態にあるとお伝えしましたが、これは「聞き方」を変えることで、自分がラクになっていくのを感じられるようなコミュニケーション法です。

一つめが「人の話を聞かない」ということ。

言葉だけで捉えると、矛盾しているように感じるかもしれませんが、これが非常に重要なポイント。

二つめが「伝えることを大切にする」ということ。これも矛盾しているように聞こえるかもしれませんが、とても大切なポイント。

そして最後が、「相手をよくしようとしない」ということ。

この3つのポイントを押さえた上で人と関わることができるようになると、人づき合いが断然ラクになってきます。「人に合わせやすい」自分のパターンを少しずつ変えていきながら、イヤミがない形で人と積極的に関わっていけるコミュニケーションを、ここでぜひ身につけてください。

ポイント① 人の話を聞かない

人の話はちゃんと聞きましょう――これは誰もが小さい頃から教わることですが、ここに実は盲点があります。人の話をちゃんと聞きすぎることが、「真実から遠ざかる」コミュニケーションにつながっていくのです。

人が話す言葉は、「心で感じていることを限りなく近い形で表現したもの」であって、正確にその人の心を表すものではありません。恋愛の言葉にも、「イヤよイヤよも好きのうち」というものがありますが、「あなたなんかキライ！」と言葉では表現をしておきながらも、本音ではその人のことを大好きに思っていることはよくあること。人間には天の邪鬼な性質があるので、心で思っていることを常に言葉でストレートに表現することは、意外と少ないのです。したがって、「話」をちゃんと聞いていくと、その人の本心や本音に気づかないまま、表面的な関わりを続けることにもなりかねません。

これまでの受動的なスタンスでの聞き方から、「相手を知る」という能動的な関わりでの聞き方に変えていくということ——相手が話すことに反応をしていくのではなく、相手の話す言葉をきっかけにして、相手の言葉の奥にある相手の気持ちに、より近づいていこうと自ら働きかけていくことが大切です。

能動的に関わる聞き方とは、「子どもの頃のように話を聞くようにする」ということです。

子どもの頃は、いろんなことに興味が湧きながら、「なんで？　なんで？」と、質問攻めが多くはなかったでしょうか。どうしてそうなるのかを知りたいという気持ちで、純粋に大人に質問をする。これが、「理解をしようとする」関わり方の、最もシンプルなスタイルです。

小さい頃は当たり前にやっていたことなのに、大人になると知識や経験が増えるあまりに、いつしか興味を持って何かに関わることも忘れがちになってしまうものです。子どもの頃の感覚を改めて思い出しながら、「この人はなんでこんな言動をするのだろう?」という意識を持ち、「相手を知ろうとする」気持ちで、これまで関わって来た人に対しても関わるようにしてみてください。

例えばあまり好きではない人に対しても、「なんで、この人はこんな関わり方をするのかな?」というように、「子どもの頃の感覚」で相手を知ろうとしながら会話をしていくと、相手の言動などに左右されずに、冷静になって相手の真意に触れることができるようになります。

では今から、あなたが嫌悪感を抱いてしまう人のことを、あえて少し考えてみましょう。なぜその人は、あなたが嫌悪感を抱くような関わり方をするのかを、客観的に捉えてみるのです。

例

・姑……いつも頭ごなしに指示してくる。「どうして、あんな言い方しかできないのだろう」

理由……「もしかしたら、ずっと頭ごなしに人から言われてきたので、わたしにも同じようにするかもしれない」

いかがでしたか？　「あの人」に対する感覚が、少しは変化したのではないでしょうか？

こうして書き出してみることで得た感覚を大切にしながら、「相手を知る」という姿勢で実際にコミュニケーションを取ってみると、イヤだと思っていた人との関係性が変わるきっかけにもなるはずです。

ポイント②　伝えることを大切にする

部屋が片づかない人の心理的な側面を見ていくと、他人の想いを尊重するあまりに、「自分が感じていることを伝えない」という傾向にある人が多いものです。そうやって一方的に他人の想いを尊重して、「自分が本当に感じていること」を押さえ込んでいくことが積み重なると、心が苦しくなって何もやる気が起きなくなるケースも多いのです。

これが、「聞く」というコミュニケーションに通じます。受け身になって「一方的に聞く」というスタンスのときこそが、自分がどんどん苦しくなるパターンのコミュニケーションだからです。したがって、話を聞くことにフォーカスするのではなく、その話によって感じたことは素直に相手に伝えていくことが、より自分がラクになるコミュニケーションを行なっていくためにも重要なポイントとなります。

ただし、「あなたはこうでしょ!」と決めつけるような伝え方ではなく、「あなたが今こう言ったことに対して、わたしはこう感じたんだけど、そのことについてどう思う?」という形で、相手の気持ちを知ることを前提として、自分が感じたことを伝えていく――そういった、言葉ではなく「感じた気持ちのやり取り」を行なっていくことで、話せば話すほど心が整理されていき、お互いのことを尊重した上でのコミュニケーションができるようになります。

呼吸でも、吐いたあとには、必ず吸い込まないといけないように、相手が想いの丈を吐き出している要所、要所で、感じたことを伝えてあげることが、長く息が続くようなコミュニケーションとなっていくのです。

あなたが感じたことは、できるだけ伝えていくようにしましょう。その行為自体が自分の気持ちを大切にすることにもなり、相手も自然に自分の気持ちを素直に表現していくような「本音の関わり」にもつながっていきます。

「伝える」ことは大切ですが、「伝え方」によっては逆効果になってしまうことがあります。そこで、効果的な伝え方を、今から少し見つめ直していきましょう。

相手にしっかり伝えるためには、「常に主語を自分においた表現」が大切。「あなたは、こうでしょ！」という、相手を主語にした伝え方ではなく、「わたしは、こう思う」というような、自分を主語にした表現で、「自分が感じる想い」を純粋に伝えていくことが大切です。

そこで今から、伝え方を変えることによって関係性が変わるようになった、具体的な実例を参考にしながら、自分を主語にした伝え方の練習を行なってみましょう。

夫に対して「なんであなたはいつも帰りが遅いの！　家のことなんて全然考えていないんでしょ!!」と伝えていた人が、自分を主語に表現を切り替えてみたら……。

「わたしは、あなたの帰りが遅くなることで、子育てしながら溜まったストレスも発散できないし、話したいことがあっても直接伝えることができなくて、一人で何でも抱えないといけないと思って悲しくなるの」

ご主人にそう伝えたことで、いつも帰りが遅いことで喧嘩になっていた状態から、「そんなことを思ってたんだ。オレも家族を養うために仕事をがんばらないといけないと思っている中で、帰ったらお前がいつもオレに当たってくるから、余計に帰りたくなくなって仕事ばかりをするようになっていたんだ。少しは段取りよく仕事をこなして、家に早く帰れるようにするよ」というような形で、すれ違っていた関係性から歩み寄る関係性へと切り替わって、夫婦での協力体制ができ上がっていきました。

「わたし」を主語にして、「想っていること」を素直に伝えるようにするだけで、お互いが本音で関わり合えるようなきっかけが生まれていくものです。こうした伝え方に慣れていくためにも、次のことを順番に考えるようにしてみましょう。

●相手に対して感じていること

まずは、普段自分が相手に対して思っていることを、そのままできるだけ書き出していきましょう。家族や両親や友人など、それぞれの項目に分けて書いてみることもおすすめです。相手に感じていることを文字にして表現することで、自分の心を整理することにもなりますので、思いつくことはできるだけたくさん記入していきましょう。

例

・夫は毎日仕事ばかりで、たまの休みでもゴルフに出かけるなど自分勝手だ。

わたしを主語にした本音

先ほど書き出した、相手に対して感じていることを、「わたし」を主語にした気持ちを表現する文章に切り替えてみましょう。意外と難しく思えるかもしれませんが、例を参考にしながら、できるだけ自分が感じている気持ちを素直に文字で表現してみてください。

自分が感じていることを伝えていくことで、相手との心の距離がより縮まるコミュニケーションが取れるようになり、さらに「伝え方」を意識することによって、お互いに本音の部分を共有し合う深い関わり方ができるようになっていきます。ここは重要な部分なので、トレーニングだと思って根気よく意識してみてください。

例

夫は毎日仕事ばかりで、たまの休みでもゴルフに出かけるなど自分勝手だ。

わたしの本音……わたしは、あなたがいつも仕事で忙しくしていて普段話す機会が取れないから、週末くらいはゆっくりと家族で話す時間がほしいと思っているのに、ゴルフに出かけたりしていなくなることで、寂しい気持ちになるの。

ポイント③　相手をよくしようとしない

人と話をしていて、よかれと思ってアドバイスをしたら、言葉には出なくても、「余計なお世話だ！」というような反応をされた経験はないでしょうか？

人が話をするときの深層心理は、「相手に理解してもらいたい」であり、「相手に導いてもらおう」ではありません。だから、反感を買うのです。

もちろん、具体的なアドバイスをほしいと言われたときには、それを伝えてあげることが大切ですが、相手が求めていないのに、変に相手を操作するような意識が働くと、相手との距離感が遠ざかるようになっていきます。

相手の人生は、相手の人生。そして、自分の人生は、自分の人生。これは親子関係で特に多いことなのですが、片づけが苦手なお子さんほど、「親がよかれと思って敷いたレールの上」を生きることで、自分が本当は何をしたいのかという感性を押し殺され、自分を見失うような状態が続き、それが部屋に反映されているケースが少なくありません。

相手をよくしたいと思う気持ちは大切ですが、「本当に相手が望んでいるのか」を先にちゃんと見極めることが大切。過剰に「相手をよくしよう」と考えるのではなく、まずは相手を理解することを大切にしていきましょう。

よかれと思ったアドバイスが裏目に出てしまう理由は、誰も自分が悪くなろうと思って生きる人はいないように、相手も「よかれと思って今の生き方をしている」からなのです。

人は「イメージに影響される生き物である」ということは先にもお伝えしましたが、コミュニケーションでも、いくらあなたが「正しいこと」を言っていたとしても、相手があなたを見て「参考にしたくない状態」と感じる部分があるなら、そのイメージのほうが影響力を持ってしまいます。

片づけができなくて悩んでいる人の多くは、こうしたコミュニケーションにおいて「余計なお世話」的に、本来、相手に委ねておけばよいことも自分がなんとかしてあげないといけないと思って関わろうとする傾向があります。そうやって相手のことを気にしすぎるあまり、自分のことが逆におろそかになってしまうのです。

相手をよくしようと思うのではなく、「相手が参考にしたくなるような自分でいよう」という気持ちでいると、変わらない相手に苛立つこともなく、自分も相手も尊重したラクな生き方になっていきます。

そこで最後に、相手をよくしてあげたいと思う意識を自分に向けていくために、「今の自分自身の状態を改善することで、周りにどんなよい影響が生まれるのか？」を改めて考えていくようにしましょう。

質問 あなたが自分自身のどこを改善すると、周りにどんな影響が生まれますか？

例 人におせっかいするのをやめて、自分が活き活きと過ごす「背中」を見せることで、相手の自発的な行動を促せるかもしれない。

▼実践者の感想▲

背伸びしない関わりを大切にすると、部屋が片づくようになりました……………

40代　主婦　さゆりさん(仮名)

昔から人づき合いは好きなほうだと思っていたのですが、人に合わせて行動することが多いタイプでした。ママ友同士の話題にもついていけるように、いろんなことを調べて情報交換するようにしていたのですが、どこかでそれに疲れている自分もいました。

そうやって他人との関わりを意識しすぎることで、自分を振り返る時間もなく、部屋も荒れた状態に……。片づけようと思ってもなかなか気力が湧かないときに、伊藤先生のお話を伺い、人に合わせすぎて自分がなくなっていることに気づきました。

「本当はどんなことを大切にしたいのだろう?」

ふと、自分に問いかけてみると、誰かといる時間よりも、一人でボーッとするような時間がほしいと思う自分がいました。そうして冷静に自分に向き合ってみたときに、人づき合いが好きなわけではなく、人に合わせていかないと仲間はずれになるような感覚があったからこそ、がんばって人とつき合うようにしていただけだと気づくようになりました。

「さゆりさんが本当に大切にしたい人は、誰ですか？」――そう聞かれたときに、もっと楽しい話題を語り合えるような人と一緒にいたいなという気持ちが湧き上がってきました。実はママ友の集まりでも愚痴を言い合うことのほうが多くて、話しているときはよいのですが、いつも後味の悪さが残ることが多かったのです。

「ひとまず片づけは脇において、少し人間関係を見つめ直してみましょうか」

そう言っていただいてから、背伸びしない関わりを大切にしようと思うと、結果的に心にも時間にもゆとりができて、気がつけば余計なことをしなくなったので、部屋も自然と片づくようになりました。

第5章

人をやる気にさせる「片づけメンタル・アプローチ法」

なぜあの人は、言っても行動しないのか？

●具体性がないと、やる気は奪われる

「子どもに何度注意しても、一向に片づけない……」「夫に言ってもまったくやってくれない……」などなど、片づけをするように相手に伝えても、なかなかやってくれない……。こうした悩みは、特に家庭では起こりがちなことです。

人はなぜ、何度言っても行動を起こしてくれないのでしょうか？　その答えは、65ページでお伝えしたことと同じ。「人は言葉ではなく、イメージに影響される生き物」だからです。

本章では、夫や子ども、あの人など、あなた以外の誰かが片づけられるようになる関わり方について見ていきましょう。まずは、多くの人がやってしまいがちな「人のやる気を奪う言葉がけ」のパターンを紹介します。次ページのような言葉を使っていないか、チェックしてみてください。

人のやる気を奪う言葉チェックリスト

□片づけをしなさい！
□掃除しなさい！
□整理しなさい！
□なんでできないの！
□ちゃんとやりなさい！
□あなたはいつもそうね！
□綺麗にしなさい！
□ものは大切にしなさい！
□言うことを聞きなさい！
□だらしないね！
□早くしなさい！
□いらないものは捨てなさい！

いかがでしょうか？　何気なく使いがちな言葉ばかりですが、これらはすべて、相手のやる気を奪う言葉です。

これらに共通していることは、「具体性がない」ということ。例えば「片づけをしなさい！」というひと言にしても、「片づけ」の定義が人によって違うので、具体的に何をすればいいのかが、まったくわからないのです。

人が具体的な行動に移せない原因は、「その行動の具体的なイメージが湧かない」ことに起因しています。「片づけなさい！」「掃除しなさい！」「整理しなさい！」など、これらすべては、とてもあいまいで、なんら具体性のない言葉だからこそ、言われた相手は何をすればよいかが理解できず、やる気も起こらないのです。

「片づけ」と言うから片づかない

人に行動を促すには、自分がわかる言葉ではなく、「100人が聞いて、100人全員がわかる言葉」で伝える必要があります。

例えば「片づけをしなさい！」ではなく、「食べ終わったらテーブルの上にある食器を、流しに持っていこうね」と伝える。

「なんで片づけができないの⁉」と怒るのではなく、「床に置いているおもちゃをこの箱に戻すと、ここがスッキリするよ」と伝える。

相手に片づけを促すために、「片づけ」という単語は不要なのです。

このように、誰もが具体的にイメージできる状態を言葉で伝えることを心がけていくと、相手もすぐに行動に移せるようになります。

100回言っても聞かない子が、1回のアドバイスで行動する原理

相手がなかなか行動を起こしてくれないときは、特に感情的にもなりやすいので、具体性に欠ける言葉を投げてしまうものです。しかし、そんなときこそ冷静になって、具体的な表現で伝えてあげると、1回の言葉で相手はすぐに行動に移してくれるようになります。

感情的になって、何度も何度も言うのではなく、たった1回でいいので、心を込めて丁寧に、相手が具体的にイメージできるように伝えてあげる。すると、その1回が、相手が自発的に行う100回の実践にもつながるのです。

ジグソーパズルを想像してみてください。パズルには完成図があり、それを目指し

て組み立てていく作業です。片づけも同じように、先に「片づいた状態」という完成図を見せて、それを目指した具体的なプロセスも見せてあげることが大切なのです。

パズルは、新しく何かをつくる作業ではなく、「完成図に戻す」作業です。そして、その作業は、繰り返せば繰り返すほど、スピードが早くなっていきます。片づけも、こうした「一定の基準に戻す作業」だからこそ、その作業を繰り返していくことで、片づける力が養われていくようになります。

実際に片づけが苦手な方は、この機会にジグソーパズルを組み立ててみることもおすすめです。パズルは宇宙飛行士の訓練に使われているくらい、集中力や忍耐力、イメージ力を養うにはうってつけのツールです。一つひとつのピースをあるべき場所へと戻していくことで、一つの結果が完成していくプロセスを体験していくことは、片づけの考え方にも応用できるものです。

パズルは子どもの教育にもよいものなので、わたしも幼い娘と一緒にいろんなパズルで遊んでいます。その甲斐あってか、「元に戻す」という習慣が自然に身についたようで、彼女は遊び終えたおもちゃを、わたしが別段教えることなく、ちゃんと自分で元のおもちゃ箱に戻すようになっています。

片づけを指示するのではなく「結果的に片づく」指示をしよう

相手に片づけを伝えるときは、具体的にイメージできる言葉で伝えることが大切。そこに「片づけ」という言葉は必要ありません。「具体的な状況（行動）」を伝えることで、「結果的に片づく」ように導くことが大切です。

例えば、「テーブルの上には何も置かないようにする」ということ（行動）を伝えると、それがすなわち「片づいた状態」を意味することとわかると思います。このように、具体的な状況をつくり出す言葉をどんどん伝え、「片づけ」という結果に関連づけることが、「片づけという行為のボキャブラリー」を増やしていくことにつながっていきます。

「片づけをしなさい！」と100回伝えても、相手には何の影響も及ぼしません。そうではなく、「片づく行動」を100通り伝えてあげることが、相手の行動を促すためには必要なこと。人を動かすためには、「言葉の労力」をかけることが大切です。

よりイメージが湧きやすいように、先ほどのチェックリストの言葉の具体的な言い換え例を次ページに示します。参考にしてください。

相手に伝わる言い換え例

□片づけをしなさい！　↓　出したものは、元にあった場所に戻そうね。
□掃除しなさい！　↓　まずは部屋に掃除機をかけることから始めようね。
□整理しなさい！　↓　引き出しの中は、よく使う物を手前に置くと便利だよ。
□なんでできないの！　↓　こうすると（具体的な指示）、できるよ。
□ちゃんとやりなさい！　↓　できる範囲から、一つずつ進めていこうね。
□あなたはいつもそうね！　↓　今日は、一緒に10分だけやってみよう。
□綺麗にしなさい！　↓　布巾でテーブルを拭くだけでも綺麗になるよ。
□ものは大切にしなさい！　↓　靴磨きで磨くと、ピカピカになるよ。
□言うことを聞きなさい！　↓　わたしの言葉でわかりにくいことはない？
□だらしないね！　↓　こうやっていくと、一つひとつ終わっていくよ。
□早くしなさい！　↓　こうやっていくと、早くできるようになるよ。
□いらないものは捨てなさい！　↓　ものが増えてきたときは、あるものを確認しようね。

今日は一緒に
10分だけ
やってみよう
出したものは
元にあった場所
に戻そうね
なんで
できないの！
掃除しなさい！

相手が自主的に片づけるようになる3つのポイント

こちらから指示することなく、相手が自主的に片づけをするようになる——これが理想の一つだと思います。そうなるためにも、これまでのことを振り返りながら、「相手が自主的に動くようになる3つのポイント」を見ていきましょう。

ポイント① 模範を示す

模範を示すことを、心理学の言葉では「モデリング」と呼びます。

模範を示していくためのポイントは、自分自身が率先して、実践する姿を、行動を通して相手に見せていくことです。しかも、単に行為として見せていくのではなく、「感覚を通して伝えていく」ことが大切です。

同じことを伝えていくのでも、イヤイヤ、やる気なく伝えるのと、楽しそうにワクワクしながら伝えるのには、大きな違いがあることはおわかりでしょう。

不自然に明るく振舞って伝える必要はありません。その行為がいかにすばらしいことであるのかを、「自分自身が納得した上で」相手に伝えていくようにしましょう。自分の中で明確かつ具体的に、すばらしい行為であることが腑に落ちていれば、それが自然と相手に伝わるようになります。

逆に、頭だけで考えて、「なんとなくよいだろう」と思って伝えても、まったくよさが伝わらないのは、逆の立場で考えてみると理解しやすいと思います。

ここで一度、「片づけのすばらしさ」について、整理して考えてみましょう。

▼あなたにとって、片づけのすばらしさとは？

例

- わたしは片づけを通してものを大切に扱うことで、人との関わり方も丁寧になり、それによって思いがけない出会いが生まれた。
- 毎日靴磨きをしていると、友人の紹介で出会った人が「足元を綺麗にしている人は信頼できる」と、はじめから心を開いてくれ、一瞬で仲良くなった。

そして、もう一つのポイントとして、「模範となる人を紹介する」ということもやっていきましょう。片づけをきっかけにして、人生がより豊かになっている人をできるだけたくさん調べて、「その行動をきっかけにして変わることができた人」の情報を相手に提供していくのです。

これを意識するだけでも影響力が変わるので、ぜひ調べてみてください。

▼片づけによって人生が豊かになっている人には、どんな人がいますか？

例

・この前テレビで見たけど、倒産寸前の飲食店が、毎日床磨きだけは徹底的にやったことで、お客様に居心地のよい空間ができたのか、

そこからたちまち繁盛店に変わっていった。
・イチロー選手は、子どもの頃から自分が使うグローブを丁寧に磨くなど、いつも道具を大切にしていた。

ポイント②　未来を見せる

未来を見せるということは、片づけに限らず「勉強」「スポーツ」「仕事」「夢」「目標」など、成果を高めるためにとても大切なポイントです。

片づけをすると、どんな未来が待っているのか？　そこを具体的にイメージできるようになれば、人は自主的にやりたくなっていきます。

例えば、わたし自身、もともと片づけが大嫌いで、けっこうな〝汚部屋〟に住んでいました。「片づけをする意味がわからない。そんなことをするようだったら、もっと実利的なことをしたほうがいい」――そんなふうに考えていました。しかし、あることをきっかけに、実利的なことよりも「片づけに取り組む」ことを優先したことで、やらなくもいいことが明確になり、自分が活きる分野にだけエネルギーを注力できるようになり、気がつけば、いちばん嫌いだった「片づけ」で仕事をさせていただくようになって、今こうして本書を執筆させていただいているのです。

「片づけをしなさい！」と言われるよりも、片づけをするとどういった未来が待っているのかが具体的にイメージできたほうが、「やってみよう」という気持ちになる人が多いと思います。

片づけのスキルやノウハウを学ぶ人は多いのですが、「片づけの先にある未来」について調べたり考えたりする人は少ないものです。しかしそれこそが、あなた自身にとっても、相手にとっても意味があるのです。

一度、「片づけの先にある未来」を考えたり調べたりしてみましょう。

▼片づけを行なった先にある未来とは、どんなものですか？

例
・片づけをすると子どもたちが家で活き活きと過ごすようになり、「お母さん大好き！」と自然に言ってくるようになった。

ポイント③　選択権を与える

人が自主的に行動をしたくなるためには、「自分で選択ができる」ということがとても大切。そのためには、「やったほうがいい」という一方的なすすめではなく、「やっても、やらなくてもいい」というスタンスで、相手に提案していくことがポイントです。その上で、「やったほうが明らかにメリットになる」と、思わせるような提案をしていくと、相手が自分で選択をして、自主的に行動をしていくのです。

あくまで、ポイント①のように模範となるような行為を見せて、ポイント②のように目指したくなるような未来を見せてあげることによって、その行為をやりたくなるように示していくことを忘れないで、その上で、このポイント③の選択権を与えてあげる関わり方をしていきましょう。

人に行動を促したいとき、ついつい言葉で指示をしてしまうものです。言葉で指示をしてやってくれればいいですが、それで言うことをきかなければ、強制的に相手を従えようとしていくことになります（酷ければ暴力的なことなど）。

親子関係などのように力関係が明確な場合は、弱い立場の人間は強い立場の人間に嫌々ながらも従うものですが、「本人が望んでいない」ことなので、その瞬間はよくても、そういったことが積み重なっていくと反発する気持ちが大きく膨らみます。

あなたも、無理矢理やらされたことで、イヤな思いをしたことはないでしょうか？学校の勉強や塾や習い事。趣味や遊びや、自分が着る服選びまで。「自分はこうしたい」と思うのに、「それはダメ！」と頭ごなしに言われて否定され、自分の望みを諦めてきた経験が、誰しも一度はあると思います。

「自分がこうしたい」という想いが尊重されないまま、一方通行の観点で「こうするべきだ！」と言われても、納得できる人は誰一人いません。

選択権を与える関わりというのは、そういった「その人の想いを尊重した上で」違う提案をしていく関わり方です。

片づけをやる気が起きない人に対して、「片づけをしたほうがいいよ！」と、一方的に行動させようとすること自体が、「相手の現状を否定して、自分が思う正しい方向へ誘導しようとする」というように、「余計なお世話」的な関わりになってしまっているのです。

「あなたのこれまでのことも間違いではない。でも、こうするともっとよくなる可能性があるよ！」という形で、あくまで「よりよくなる可能性」を相手に示してあげると、それがその人に納得できることであれば、自然とよりよいほうを選択するようになるのです。

そのためには、相手を否定的に見るのではなく、その人の現状を正確に把握するという意味で、相手のことを知っていくことが大切です。

そこで、先のポイント②では「片づけを行なった先にある未来」を最後に書き出していただきましたが、ここでは比較対象として、「今のまま片づけを行なわない先にある未来」を考えたり調べたりしてみましょう。その比較を伝えてあげるだけでも、相手には何かしら響くものがあるはずです。

▼片づけを行なわない先にある未来とは、どんなものですか？

例

・ものが溢れて片づかない状態が続いてしまうと、探しものに時間を費やしたり、迷ったりする時間が多くなり、趣味などの楽しみのための時間が取れなくなる。
・片づけをしないままだと、大切な決断をするときや、集中しなければいけないときに、それができなかったり、せっかくのチャンスを逃してしまったりする可能性がある。

できていない部分を責めずに、できていることを認めよう

小さな自信が継続につながる

せっかく相手が行動を起こしても、それが続かなければ困ります。その際、「ここがダメ」「あそこができていない」と、できていないことばかりを指摘する関わり方をしていくと、相手は「いつまでも自分はできない」という観念に支配され、次第に行動をやめてしまいます。人が継続的に何かを行なっていくためには、「できたことを認める」ことを、繰り返し、根気よく行なっていくことが大切です。

食事のあとに子どもがすぐに片づけをしていたら、「すぐに片づけられたね。ありがとう」と伝える。掃除機をかけていたら、「掃除機をかけてくれているんだね。助かるわ」と伝える。帰ってきてすぐに玄関の靴を揃えていたら、「玄関の靴、揃っていたね！　やっぱり靴が揃っていると気持ちがいいね」と伝えてあげる。

やったこと、できたことを、言葉に出して伝えて認めてあげることが、小さな自信

となって「行動の継続」につながっていきます。特別なことではなく、「当たり前にできるようなこと」こそを、ちゃんと認めていくような関わり方をしていきましょう。

些細な言葉がけの積み重ね

特別なことをやらないと認めないようにすると、相手も何か特別で大きなことをやろうとするあまりに、当たり前の些細なことをおろそかにするようになります。登山でも、一歩一歩を踏みしめてこそ頂上に到達できるように、物事はどんなことでも「一足飛び」では決して結果を出せないもの。それはコミュニケーションも同じなのです。

相手の成長を促すためには、常にできているところを見て、些細なことでよいので、「できている」という事実を言葉で伝えてあげるようにしましょう。そういった些細な言葉がけの積み重ねが、相手の自信にもなり、自主的な行動を促すことにもなり、さらなる成長に導きます。

人をやる気にさせる「加点法コミュニケーション」

人をやる気にさせ、行動を継続するように促していくためには、減点法ではなく、加点法のコミュニケーションが効果的です。「できないところ」ではなく「できたところ」に焦点を当て、それを認めてあげる。その上で、「こうすると、もっとできるようになるよ」と具体的な方法を伝えてあげると、相手の行動はさらに促されます。

頭の中でやったことを記憶するのではなく、ノートでもパソコンでもスマホでもいいので、成果を記入して「見える形で記録する」ことが、積み重ねた経験を忘れないためにも、とても重要です。

ですから、さらに踏み込んで相手に行動を促していくためには、言葉がけに合わせて、「記録すること」も取り入れてみましょう。少しずつでいいので、行動やできたことの要点だけを記録していきます。試しに、1週間でいいので自分の行動を記録した上で、相手にも働きかけるようにしていきましょう。

行動記録シート

今日1日でできたこと
〈例〉・冷蔵庫の中を整理した。

できたことで感じたこと
〈例〉・意外と賞味期限切れのものが多かった。 ・やったことを振り返ると達成感を感じた。 （※感じたことは思いつく限り書き出すようにしましょう）

明日、取り組んでみたいこと
〈例〉・明日は野菜室と冷凍庫の中を整理してみよう。

物事は、肯定的な側面から伝えていこう

「捨てる」と「大切にする」

ものが捨てられない人は、「捨てること」に意識が向きやすくなるものです。それは当たり前と言えば当たり前なのですが、実は「捨てなければ」という発想が、捨てられない状況の連鎖を生み出していくのです。

ものが捨てられない人が意識するべきことは、ただ一つ。

それはすでにお伝えした通り、「大切にする」という発想を取り入れること。

ものを「捨てる」という観点ではなく「大切にする」という観点で見つめていく習慣が、結果的に捨てることにもつながっていきます。

「捨てる」という否定的な行為よりも、「大切にする」という肯定的な行為を伝えていくことが重要なのです。

ものが捨てられない人にアドバイスをするなら「ものを捨てる方法」を教えてあげ

るのではなく、「ものを大切にする方法」を教えてあげたほうが、結果的にものを手放しやすくなります。「手あたり次第に捨てていく」ことを考えるのではなく、「手あたり次第に大切にしていく」と発想をしたほうが効果的であることも、すでに述べた通りです。

「切り離す」のではなく「受け入れる」

「捨てる」「手放す」という行為に、「切り離す」というイメージを持たれている方が多いのですが、わたしの解釈で言うと、その本質は「受け入れる（大切にする）」ことにあります。

捨てる（切り離す）意識が強くなると、それが人間関係にも表れ、相手と自分を切り離すようなコミュニケーションのパターンを取りやすくなります。部屋がものに溢れている人が、言いたいことを言えない心理状態にあったり、他人と深く関われないような傾向が強くなったりするのも、ここにつながるのですね。

しかし、受け入れる（大切にする）という発想でものに接するようにして、一つひとつを大切にする習慣が身につくと、それが必然的に人間関係にも表れていき、自然と一つひとつの縁が深まるようなコミュニケーションを取れるようにもなります。

もし、あなたの周りで、ものが捨てられなくて悩んでいる人がいるなら、その人は、「いらないものに囲まれている」のではなく、「捨てられないもの、大切なものに囲まれている」という観点で、その人の部屋の状態を尊重してあげてください。

これまでお伝えしてきたことを活かしながら、相手の現状を尊重し、「よりよい状態にできること」を伝えていくことで、相手の自尊心を損なわず、自信を持たせてあげる関わりができるようになります。

子どもや夫、あなたの周りに悩んでいる人がいたら、そっと寄り添ってアドバイスとサポートをしてあげてください。

おわりに

片づけに関わる仕事をしていると、「片づけが得意で大好きな人」というイメージを持たれることが多いのですが、もともとわたしは片づけが嫌いでした。

かつてのわたしは、かなり汚い部屋で過ごし、さらに「部屋が汚くて何が悪いのだ」とさえ思っていました。部屋の片づけなんかしている暇があったら、もっと実利的なことをしたほうがいい――そう思って毎日を過ごしていました。

そんなわたしが「片づけ心理」に注目するようになったのは、前職で引っ越し関連の運送業の仕事をしていたことと、そのときに心理学の研究を同時に行なっていたことがきっかけでした。人の心について学んでいると、おもしろいように自分のことがわかるようになりました。すると、どんどん心がラクになっていき、未来に希望が持てるようになったのです。

本文にも記しましたが、あるとき、離婚家庭の引っ越し現場を立て続けに目の当たりにすることがあり、部屋の状態と心の状態の関連性を興味深く調べていきながら、さまざまな検証をしていくことで、自然と自分の部屋も片づくようになり、気がつけば片づけが「使命」となるほどに、わたしの人生も好転していきました。

あなたがもし、興味本位ではなく、片づけに真剣に悩まれて本書を手に取っておられるなら、今まさに、ターニングポイントに差しかかっているかもしれません。

片づけという何気ない行為は、人生を見つめ直すきっかけになるものです。

この機会に、本書のエッセンスを一つでもいいので活かしながら、部屋を通してあなた自身の心に向き合ってみてください。そうすれば必ず、あなたの未来は今よりもずっとよいものになっていきます。

本書が、あなたやあなたの周りにいる人たちにとって、より幸せな日々を過ごすきっかけになることを心より願っております。

伊藤勇司

〈著者略歴〉

伊藤勇司（いとう・ゆうじ）

空間心理カウンセラー、日本メンタルヘルス協会公認心理カウンセラー、魔法の質問認定講師。引っ越し業で働きながら、日本メンタルヘルス協会で心理学を学ぶ中で「部屋と心の相関性」に着目し、現場で見た1000軒以上の家と、そこに住む家族や人との関わりの中から見出された「空間心理」をもとに独自の理論を確立。片づけの悩みを心理的な側面から解決する「空間心理カウンセラー」として2008年に独立。セミナー、講演、セッションは開業以来、約7000名に実施。クライアントは9割以上が女性で、主婦から企業経営者、作家などまで幅広い。「初対面でも安心して心を開ける」と、親しみやすい人柄で支持を得ている。
著書に『部屋は自分の心を映す鏡でした。』（日本文芸社）がある。

あなたはなぜ、片づけられないのか？

2016年1月21日　第1版第1刷発行
2016年9月16日　第1版第2刷発行

著　者　伊藤勇司
発行者　安藤 卓
発行所　株式会社PHP研究所
京都本部　〒601-8411　京都市南区西九条北ノ内町11
〔内容のお問い合わせは〕教育出版部 ☎075-681-8732
〔購入のお問い合わせは〕普及グループ ☎075-681-8818
印刷所　図書印刷株式会社

ISBN978-4-569-82935-7